DIRETRIZES
de SEGURANÇA

Mediunidade

DIVALDO FRANCO
RAUL TEIXEIRA
DIRETRIZES de SEGURANÇA

Mediunidade

Catanduva, SP, 2024

SUMÁRIO

PREFÁCIO
DIRETRIZES SEGURAS   viii
DIRETRIZES de SEGURANÇA   xiv
SEGURA DIRETRIZ   xviii

1.
MEDIUNIDADE   22

2.
MÉDIUNS   50

3.
GRUPO MEDIÚNICO   96

4.
DESENVOLVIMENTO MEDIÚNICO   130

5.
COMUNICAÇÕES   140

6.
DOUTRINAÇÃO   154

SUMÁRIO

7.
MENTORES 166

8.
PASSES 176

9.
ALIMENTAÇÃO 200

10.
ESTUDOS, PARTICIPAÇÃO, RECEITUÁRIO 208

11.
ESCOLHOS da MEDIUNIDADE 220

12.
PRÁTICAS EXTERIORES 236

ÍNDICE
ÍNDICE GERAL 246

DIRETRIZES SEGURAS

N O ANO DE 1990 FOI LANÇADA PELA EDITORA FRÁTER A obra intitulada *Diretrizes de segurança*, cujo propósito foi o de estabelecer "um diálogo em torno das múltiplas questões da mediunidade", apresentando perguntas relativas a esse tema sendo respondidas por Divaldo Franco e Raul Teixeira.

Como era natural, o livro despertou o interesse de grande número de pessoas, desejosas de aprofundar seus conhecimentos a respeito da mediunidade, levando-se em conta que

Este glossário adota como fontes principais: nos termos vocabulares, o dicionário *Houaiss* e a enciclopédia da internet *Wikipédia*; nos termos da doutrina espírita, o conhecimento registrado em suas obras fundamentais; as acepções estão geralmente limitadas e adaptadas ao contexto desta obra.

DIRETRIZ
norma de procedimento, conduta etc.

PREFÁCIO

as respostas traziam a larga experiência dos dois oradores e médiuns, cuja vivência consentânea com os princípios do espiritismo e a rica folha de serviços prestados à humanidade credenciavam-lhes para tal cometimento.

O livro, durante duas décadas a partir de seu lançamento, tornou-se referência como diretriz segura para os que atuam na área da mediunidade, apresentando a prática mediúnica na dinâmica da casa espírita, totalmente embasada em *O livro dos médiuns* e demais obras da codificação, cuja fonte doutrinária deve ser sempre preservada, com fidelidade e perseverança pelos que realmente a amam.

A mediunidade, bem sabemos, não é uma descoberta ou invenção do espiritismo. A presença dos Espíritos sempre foi uma constante, como um sopro renovador a comprovar que a morte não existe, que a vida continua, que somos imortais, oxigenando a psicosfera terrena, como a propiciar uma abertura consciencial ao longo dos milênios, que vagarosamente

MÉDIUM
indivíduo que atua como intermediário entre os planos espiritual e material

CONSENTÂNEO
coerente, concorde

COMETIMENTO
empreendimento

MEDIUNIDADE
faculdade natural do ser humano, que propicia o intercâmbio entre os planos espiritual e material

CODIFICAÇÃO
conjunto das cinco obras escritas e organizadas por Allan Kardec: *O livro dos Espíritos*, *O livro dos médiuns*, *O evangelho segundo o espiritismo*, *O céu e o inferno* e *A gênese*

PSICOSFERA
ambiente psíquico

se instala, graças à necessidade de espiritualização e espiritualidade que o ser humano, a cada dia, sente mais intensamente, numa busca que lhe preencha o imenso vazio existencial que o materialismo vigente acarreta.

Na data comemorativa das duas décadas do *Diretrizes de segurança*, a equipe da editora InterVidas, sempre atenta às obras doutrinárias representativas do nosso movimento espírita que se destacam pelo compromisso com a divulgação da doutrina espírita na sua integralidade, através dos desdobramentos compatíveis, estruturou um projeto com a finalidade de lançar a obra, em edição especial, revisada, atualizada, reorganizada e ampliada com novas perguntas. Para isso, seriam convidados vários companheiros espíritas, escritores e oradores de renome, estudiosos da doutrina, e da mediunidade especificamente, para que formulassem perguntas que seriam apresentadas aos respeitáveis médiuns.

MOVIMENTO ESPÍRITA
conjunto de ações que os adeptos espíritas fazem em nome do espiritismo; agrupamento dos seguidores espíritas

Esse projeto foi, em seguida, exposto a Divaldo Franco e Raul Teixeira, que o aprovaram imediatamente, compreendendo a sua importância no tocante à própria obra. Entretanto, havia a necessidade de se convidar uma pessoa que pudesse realizar o trabalho a ser desenvolvido, conforme a InterVidas programara. Por um acordo entre os autores do livro e o diretor da editora, Ricardo Pinfildi, ficou acertado o meu nome para coordenar o projeto. Convite feito e sentindo-me honrada por essa designação, aceitei muito prazerosamente.

Foram relacionados, pela editora, os nomes daqueles que seriam convidados a participar, enviando as perguntas.

Desejo ressaltar a presteza dos amigos espíritas, a gentileza com que responderam aos meus *e-mails*, o envio das perguntas, muitas trazendo aprofundamento de assuntos já tratados na obra, outras apresentando dúvidas frequentes daqueles que atuam em reuniões mediúnicas, enfim, um

PRESTEZA
rapidez, celeridade

REUNIÃO MEDIÚNICA
atividade realizada com o propósito de intercâmbio com os Espíritos, para socorro, esclarecimento, aprendizado

ótimo material para estudos e reflexões. A pedido dos estimados Divaldo Franco e Raul Teixeira, foram selecionadas 30 perguntas.

Outro ponto a ser mencionado é que foi necessário fazer uma reorganização dos itens, da ordem das perguntas, agrupando-as de maneira a ficar mais fácil ao leitor identificá-las por assunto, acrescentando agora as perguntas enviadas pelos novos colaboradores, de acordo com o tema tratado. Houve ainda a colocação dos verbetes explicativos, dos quais a maior contribuição coube aos especialistas da editora, como igualmente a inclusão do índice geral.

Tudo resolvido e entregue a parte que me competia, a equipe da editora pode passar à etapa final, o que foi realizado de forma primorosa.

Portanto, caro leitor, você tem em suas mãos um livro que se destaca pela qualidade do seu conteúdo, pela bela apresentação gráfica que se insere entre as mais modernas editoras do país, além de ser uma obra que recomendamos a todos aqueles que se interessam ou já estão ligados à área da mediunidade sob as diretrizes do espiritismo.

Deixo aqui registrado meu profundo agradecimento à InterVidas, aos estimados participantes, cujos nomes faço questão de apresentar a seguir, a todos enfim que compartilharam comigo a satisfação de contribuir para que o *Diretrizes* tivesse uma comemoração dos seus vinte anos à altura da sua importância; ao tempo que expresso a minha gratidão aos queridos amigos Divaldo Franco e Raul Teixeira.

Nossos agradecimentos aos que participaram enviando suas perguntas e que abrilhantaram a edição comemorativa dos vinte anos de lançamento do livro *Diretrizes de segurança*:

- Adilton Pugliese (representando o Projeto Manoel Philomeno de Miranda)
- Augusto Cantúsio
- Clayton Levy
- Cleber Maurício Gonçalves
- Eliseu Mota Júnior
- Euripedes Kühl
- Enrique Eliseo Baldovino
- Francisco Cajazeiras
- Geraldo Campetti
- Haroldo Dutra Dias
- Hermínio C. Miranda
- Humberto Schubert Coelho
- José Carlos De Lucca
- Leda Marques Bighetti
- Marcos Alves (representando a Sociedade Espírita Fraternidade)
- Matthieu Tubino
- Núbor O. Facure
- Richard Simonetti
- Roberto Lúcio Vieira
- Rogério Coelho
- Simão Pedro de Lima
- Therezinha Oliveira
- Zalmino Zimmermann

Suely Schubert

Primavera de 2012, Juiz de Fora, MG

DIRETRIZES de SEGURANÇA

O HOMEM MODERNO VIVE MASSIFICADO POR EXPRESSIVA soma de informações que não consegue digerir emocionalmente.

Têm preferência as notícias que o agridem, atingindo-lhe o sentimento e perturbando-lhe a razão, graças à violência em alucinação e ao sexo em desgoverno, exibindo os mitos do prazer e do triunfo, como se a criatura fosse apenas um ser fisiológico, dirigido pela sensação.

ALUCINAÇÃO
desvario, loucura

MITO
representação idealizada

FISIOLÓGICO
relativo às funções orgânicas dos seres vivos, especialmente aos processos físico-químicos

ESMAECER
perder o vigor; enfraquecer

CULTURA
conjunto de padrões de comportamento, crenças, conhecimentos, costumes etc. que distinguem um grupo social

ÉTICA
conjunto de regras e preceitos de ordem valorativa e moral de um indivíduo, de um grupo social ou de uma sociedade

DESPAUTÉRIO
dito ou ação absurda, grande tolice

PSICOLÓGICO
pertencente à psique ou aos fenômenos mentais ou emocionais

Esmaecem a cultura e a ética no universo da atualidade comportamental, enquanto o despautério propõe modelos psicológicos alienados que passam a conduzir a mole que os alimenta e os atende com paixão.

As filosofias imediatistas surgem pela madrugada e desaparecem ao entardecer das emoções, deixando os vazios perturbadores na mente e no sentimento dos seus aficionados.

As doutrinas religiosas, esquecidas do homem e preocupadas com os grupos, associam Paulo e Dionísio, Cristo e Baco, realizando banquetes em favor dos seus *deuses*, enquanto os atiram às masmorras dos vícios e das degradações.

As conquistas científicas beneficiam as elites, enquanto o indivíduo, esquecido, encharca-se de rebeldia, contaminado pela desesperação que campeia.

Há também, inegavelmente, homens que são extraordinários exemplos de amor e de abnegação, como instituições

ALIENADO
que sofre de alienação, que vive sem conhecer ou compreender os fatores sociais, políticos e culturais que o condicionam e os impulsos íntimos que o levam a agir da maneira que age

MOLE
multidão

AFICIONADO
afeiçoado, entusiasta, simpatizante

DIONÍSIO
deus grego dos ciclos vitais, das festas, do vinho, da insânia, da embriaguez, dos excessos

BACO
deus romano equivalente ao deus grego Dionísio

MASMORRA
prisão subterrânea; aposento sombrio, triste

CAMPEAR
imperar; dominar

ABNEGAÇÃO
ação caracterizada pelo desprendimento e amor desinteressado ao próximo; renúncia, dedicação extrema

de beneficência e dignificação humana, de solidariedade e de progresso, quais florações de bênçãos nas terras áridas dos sentimentos individuais e coletivos.

Assim considerando, saudamos, neste pequeno livro, o esforço conjugado de dois obreiros do Cristo, interessados em esclarecer os companheiros da marcha evolutiva, em torno da vida e da sua finalidade, dos fenômenos existenciais e da morte física, da paranormalidade e da sobrevivência do Espírito, da obsessão e do serviço ao bem, nos encontros fraternos de estudos espíritas, nos quais foram sabatinados pelo desejo honesto e saudável, por parte dos seus interrogadores, ansiosos por aprenderem mais.

Não são conceitos novos, nem trazem nada de original, porquanto a doutrina espírita os explicita com admirável claridade, mas constituem uma contribuição louvável e prática para quem deseja uma vida pautada nas diretrizes da sadia moral e do bom-tom.

BENEFICÊNCIA
ato, prática ou virtude de fazer o bem, de beneficiar o próximo

ÁRIDO
que pouco ou nada produz; estéril

OBSESSÃO
ação mental persistente e maléfica que um indivíduo exerce sobre outro

PARANORMALIDADE
característica ou condição do que não faz parte dos fenômenos ou experiências normais; mediunidade (faculdade natural do ser humano, que propicia o intercâmbio entre os planos espiritual e material)

FRATERNO
relativo ou pertencente a irmãos; afetuoso, amigável, cordial

SABATINAR
questionar; submeter a exame

ANSIOSO
muito desejoso de; ávido

EXPLICITAR
tornar explícito, claro, sem margem para ambiguidades

Esperamos que estas páginas logrem oferecer segurança comportamental e discernimento mental a todos aqueles que, desconhecendo os temas abordados ou tendo deles uma informação apenas superficial, resolvam-se por neles meditar, incorporando-os ao seu cotidiano.

Exorando ao Senhor que a todos nos abençoe, formulamos votos de paz e plenitude para os nossos caros leitores.

Joanna de Ângelis
Mensagem psicografada pelo médium
Divaldo Franco, em 30 de agosto de 1989, na sessão mediúnica do Centro Espírita Caminho da Redenção, em Salvador.

PAUTADO
dirigido por regras; regrado, disciplinado

BOM-TOM
comportamento socialmente correto, bem--educado, segundo as normas de bom procedimento estabelecidas

LOGRAR
alcançar, conseguir

DISCERNIMENTO
capacidade de avaliar as coisas com bom senso e clareza; juízo

EXORAR
pedir com súplicas; implorar

PSICOGRAFAR
ato de exercer a faculdade mediúnica em que a comunicação do Espírito ocorre de forma escrita por meio da mão do médium

SESSÃO MEDIÚNICA
reunião mediúnica (atividade realizada com o propósito de intercâmbio com os Espíritos, para socorro, esclarecimento, aprendizado)

SEGURA DIRETRIZ

EDITANDO SOBRE AS PÁGINAS FULGURANTES DA BOA nova, identificaremos o questionamento, a pergunta, como elemento de capital importância, no relacionamento do divino amigo com os diversos indivíduos que o rodeavam, nos instantes mais variados dos caminhos.

"Senhor, que farei para conseguir a vida eterna?" (*Lucas*, 10:25), perguntou-lhe o intérprete da lei, desejando obter a preciosa orientação.

FULGURANTE
que brilha, fulge; brilhante

CAPITAL
de relevo; principal, fundamental

"Por que dizem os escribas ser necessário que Elias venha primeiro?" *(Marcos, 9:11)*, indagaram os discípulos que com ele desciam do Tabor, após expressiva demonstração da imortalidade gloriosa.

"Que tenho eu contigo, Jesus, filho do Deus altíssimo?" *(Marcos, 5:7)*, interrogou Legião, identificando a autoridade do bem sobre a ilusão maléfica e perturbadora.

Essas e muitas outras questões foram respondidas pelo mestre, buscando atender cada qual, de acordo com a necessidade e o entendimento dos questionadores.

Entretanto, Jesus, por sua vez, indagou aos que o cercavam, procurando fazê-los meditar, considerando-se que ele sabia o que lhes ia na alma, nos pensamentos, na condição de celeste zagal do rebanho humano:

"Quem dizem os homens que eu sou?" *(Marcos, 8:27)* E fez ressaltar, junto aos discípulos, a crença popular no fenômeno da reencarnação.

ESCRIBA
entre os judeus, aquele que lia e interpretava as leis

MONTE TABOR
alta colina da Galileia onde, conforme relatos evangélicos, Jesus transfigurou-se diante dos discípulos

LEGIÃO
em linguagem bíblica, batalhão de Espíritos inferiores

ZAGAL
pastor

REENCARNAÇÃO
retorno do Espírito à vida corpórea, em um corpo físico diferente daquele animado em existência anterior

"Mas, se falei bem, por que me feres?" (*João*, 18:23) Deu ocasião, assim, para que a exibição vaidosa e a cobardia fossem denunciadas e abatidas pela coragem e grandeza de espírito.

"Que queres que eu te faça?" (*Marcos*, 10:51) E ensinou a importância de que tenhamos superiores e claros objetivos, em nossa fé, quando nos dirijamos às supremas fontes da vida.

* * *

Perguntas, profundas ou simples, compuseram a pauta de formidáveis ocasiões de aprendizado feliz, ao longo de todo o evangelho de Jesus Cristo.

Desse modo, quando, no movimento espírita, vemos os irmãos das lides terrenas encontrarem-se para o estudo e, dentro dele, dedicarem algum tempo para dissiparem dúvidas, de modo honesto e salutar, vibramos com a possibilidade

COBARDIA
covardia

PAUTA
lista, relação

LIDE
trabalho duro;
atividade

DISSIPAR
fazer desaparecer; desfazer

SALUTAR
edificante, construtivo

de que tais questões e suas respectivas respostas apareçam documentadas para a elucidação de muitos, em torno de diversos pontos da doutrina veneranda do espiritismo.

Louvamos ao Senhor frente a esse pequeno trabalho que, com certeza, se não representa novidade no contexto espírita, será segura diretriz para tantos que anseiam por entender melhor ou ampliar reflexões e conhecimentos sobre a prática espiritista.

Certo da bênção do excelente mestre para este singelo livro, anelamos por prosseguir estudando e avançando a serviço da seara do bem, na qual nos encontramos engajados, pela misericórdia de nosso Pai.

Camilo
Mensagem psicografada pelo médium Raul Teixeira, em 4 de setembro de 1989, na sessão mediúnica da Sociedade Espírita Fraternidade, em Niterói, RJ.

ELUCIDAÇÃO
esclarecimento

VENERANDO
que é digno de veneração (admiração, consideração, reverência); respeitável

ESPIRITISTA
espírita

ANELAR
desejar intensamente; aspirar

SEARA
campo, lavoura, semeadura

ENGAJADO
envolvido, comprometido

MEDIUNIDADE

1

1. finalidade da mediunidade
   » lições no contato com
     desencarnados

2. mediunidades mais
   importantes
   »"dons" e mediunidade
   » superioridade de alguns
     médiuns sobre outros
   » anseio de ser médium
     como Chico Xavier

3. sintonia, ressonância e
   vibrações compensadas
   » sintonia de Chico Xavier
     com Emmanuel
   » compensação vibratória
     decorrente da oração

4. centros vitais e
   intercâmbio mediúnico
   » mediunidade e centros vitais
   » centros: coronário, cerebral,
     laríngeo, cardíaco, gástrico,
     esplênico, genésico
   » correspondência entre
     veias e artérias no corpo
     físico, e linhas de força
     do corpo perispiritual
   » correspondência entre plexos
     do corpo carnal e centros
     de força do períspirito

5. predisposição espiritual
   dos médiuns
   » adequação do períspirito
   » corpos mais sutis
   » maiores recursos

6. Pentecostes, xenoglossia
   coletiva
   » apóstolos portadores
     de mediunidade

7. glândula pineal
   » função catalisadora das
     vibrações espirituais
   » funções espirituais

8. cercear ou suspender a
   eclosão da mediunidade
   » passado espiritual do médium
   » como auxiliar a
     criança e o adulto
   » cursos e estudos valiosos

9. mediunidade e
   hereditariedade
   » vínculo com compromisso
     espiritual

TEMÁRIO 1

10. risco na prática da mediunidade
    » humildade e prática do bem
    » importância de *O livro dos médiuns*
    » equilíbrio e harmonia interior

11. fenômenos paranormais
    » fenômenos anímicos e poderes mentais do médium
    » fenômenos mediúnicos
    » distinção didática de Kardec em *O livro dos médiuns*

12. materialização de Espíritos
    » três períodos distintos
    » retomada dos efeitos físicos
    » avanço científico e tecnológico
    » na contramão dos propósitos do espiritismo

13. atendimento fraterno com atendentes mediunizados
    » intervenção mediúnica no atendimento fraterno
    » meras especulações
    » fazer qualquer tipo de revelação não é escopo do espiritismo

14. mediunidade, inerente ao ser humano
    » não como ferramenta indispensável
    » compromisso assumido antes da reencarnação

15. esclarecimento da mentalidade geral
    » somos vítimas de nós mesmos
    » Deus não comete erros
    » consolo aos familiares

16. produção de substância venenosa por Espíritos inferiores

1.

Qual a finalidade da mediunidade na Terra?

DIVALDO A mediunidade é, antes de tudo, uma oportunidade de servir. Bênção de Deus, que faculta manter o contato com a vida espiritual. Graças ao intercâmbio, podemos ter aqui, não apenas a certeza da sobrevivência da vida após a morte, mas também o equilíbrio para resgatarmos com proficiência os débitos adquiridos nas encarnações anteriores. É graças à mediunidade que o homem tem a antevisão do seu futuro espiritual, e, ao mesmo tempo, o relato daqueles que o precederam na viagem de volta à erraticidade, trazendo-lhe informes de segurança, diretrizes de equilíbrio e a oportunidade de refazer o caminho pelas lições que ele absorve do contato mantido com os desencarnados.

Assim, a mediunidade tem uma finalidade de alta importância, porque é graças a ela que o homem se conscientiza das suas responsabilidades de Espírito imortal. Conforme afirmava o apóstolo Paulo, se não houvesse a ressurreição do Cristo, para nos trazer a certeza da vida espiritual, de nada valeria a mensagem que ele nos deu.

MEDIUNIDADE
faculdade natural do ser humano, que propicia o intercâmbio entre os planos espiritual e material

PROFICIÊNCIA
competência, capacidade, mestria

ANTEVISÃO
visão antecipada de, baseada na observação dos fatos

PRECEDER
ir na frente de, chegar antes de; anteceder

ERRATICIDADE
estado temporário em que se encontram os Espíritos no plano espiritual, em expiações, estudos, missões, durante o intervalo entre as reencarnações; por extensão de sentido, plano espiritual ocupado por esses Espíritos

DESENCARNADO
Espírito liberto do corpo físico em decorrência da morte biológica

RESSURREIÇÃO
ato ou efeito de ressurgir ou ressuscitar

2.

Há mediunidades mais importantes que outras? E médiuns mais fortes que outros?

RAUL Verdadeiramente, não pode haver mediunidades mais importantes que outras nem médiuns mais fortes que outros. Existem médiuns e mediunidades. Segundo Paulo de Tarso, existem os "dons", e ele se refere à visão, à audição, à cura, à palavra, ao ensino, mas disse que um só é o Senhor. (*I Coríntios, 12:1–11*) Eles provêm da mesma fonte. Os indivíduos que psicografam, que "psicofonizam", que "materializam" poderão todos realizar um trabalho apostolar, na realidade em que se encontram.

Não é o número de possibilidades que dá importância ao médium. O que engrandece espiritualmente o médium é aquilo que ele faz com os dons que possua. Verificamos que a importância do médium localiza-se na honra que tem de poder servir.

Não existem médiuns mais fortes que outros, na doutrina espírita, mas, sim, os que são mais dedicados que outros, mais afervorados que outros, que estão renunciando à matéria e efetuando o esforço do autoaprimoramento mais que outros. Isso ocorre. E é esse esforço para algo mais alto que confere ao médium, ou a outro servidor qualquer, melhores condições de estar à frente na lide. Mas isso não significa que o que venha na retaguarda não poderá alcançá-lo, realizando os mesmos esforços.

Conversando oportunamente com um grupo de amigos, o nosso venerável Chico Xavier dizia para os companheiros que o questionavam que o dia em que não chorava, não

---

PSICOGRAFAR
ato de exercer a faculdade mediúnica em que a comunicação do Espírito ocorre de forma escrita por meio da mão do médium

PSICOFONIZAR
ato de exercer a faculdade mediúnica em que o Espírito comunica-se por meio da voz do médium

MATERIALIZAR
ato de exercer a faculdade mediúnica de materialização (fenômeno de efeito físico em que algo se torna visível)

APOSTOLAR
que encerra justiça e virtude; exemplar, edificante

AFERVORADO
que está cheio de fervor (grande fé, empenho)

LIDE
atividade

VENERÁVEL
digno de veneração (respeito inspirado pela dignidade, talento, poder etc.); que se deve respeitar, respeitável

DEPREENDER
tirar por conclusão, chegar à conclusão de; inferir, deduzir

ALTEAR
erguer, elevar, sobressair

GALGAR
andar por

TALANTE
qualidade

ENVERGADURA
importância, valor, magnitude

PREDISPOR
dispor antecipadamente; tornar propício

CHARRUA
arado

vivera. Depreendemos disso que quanto mais se alteia a mediunidade, colocando aquele que dela é portador numa posição de destaque, numa posição de claridade, naturalmente os que não desejam a luz mais atirarão pedras à "lâmpada", tentando quebrá-la, quando não desejam derrubar o "poste" que a sustenta.

Daí, o médium mais importante ser aquele que mais disposto esteja para enfrentar essas lutas em nome do Cristo, médium de Deus por excelência, e o mais importante senhor da mediunidade que conhecemos.

Não caberá nenhum desânimo a nenhum de nós outros que ainda nos localizamos numa faixa singela de mediunidade, galgando os primeiros passos. Isso porque já ouvimos companheiros que gostariam de receber mensagens como o Chico recebia, desejariam receber obras daquele talante, desejariam ser médiuns da envergadura desse ou daquele companheiro que se projeta na sociedade, mas desconhecem a cota de sacrifícios diários, de lutas, de lágrimas, de renúncias a que eles têm de se predispor e se dispor. Por isso, em espiritismo, não há médiuns superiores a outros, nem mediunidades mais importantes que outras; existem oportunidades para que todos nós tomemos a charrua da evolução sem olhar para trás, crescendo sempre.

3.

Em mediunidade, que seriam sintonia, ressonância e vibrações compensadas?

DIVALDO A sintonia, como o próprio nome diz, é a identificação. Estamos sempre acompanhados daqueles que nos são afins. A emissão de uma onda encontra ressonância num campo vibratório equivalente. Aí temos a sintonia, como numa rádio que emite uma onda e é captada por um receptor na mesma faixa vibratória. A sintonia de Chico Xavier com o Espírito Emmanuel deu essa ressonância maravilhosa, que é a obra abençoada que o instrutor mandou à Terra. A ressonância seria o efeito que decorre do mecanismo de sintonia. E as vibrações compensadas são aquelas que oferecem, como o próprio nome coloca, a resposta dentro do padrão de reciprocidade. Quando Chico sintonizava com Emmanuel, recebia a compensação do benefício que decorria daquela onda provinda do benfeitor, que lhe respondia ao apelo por meio do bem-estar que lhe proporcionava. Essa compensação pode ser positiva ou negativa. Se elaboramos ideias infelizes, somos compensados pelas respostas das entidades afins, que se comprazem em nos utilizar na viciação toxicômana, alcoólica, tabagista ou no exagero em qualquer função ou hábito.

Quando oramos ao Cristo, ou oramos a Deus, recebemos imediatamente a compensação do bem-estar que decorre de estar sintonizados com o alto.

RESSONÂNCIA
efeito de amplificação do conteúdo transmitido (sinal, frequência, ideia, pensamento), obtido quando há entre o emissor e o receptor sintonia (similaridade, identificação) nesse conteúdo

RECIPROCIDADE
qualidade do que se estabelece, de igual modo, entre duas pessoas

ENTIDADE
ser, Espírito

COMPRAZER
sentir contentamento ou prazer; deleitar-se

TOXICÔMANO
relativo à toxicomania (consumo compulsivo de substâncias ativas sobre o psiquismo como as drogas – heroína, cocaína, haxixe etc.)

ALCOÓLICO
relativo ao álcool

TABAGISTA
relativo ao tabagismo (toxicomania caracterizada pela dependência psicológica do consumo de tabaco)

4.

CENTRO VITAL
centro de força do períspirito; em outras filosofias, conhecido como chacra; identificam-se 7 centros vitais principais, cada um responsável por coordenar determinadas funções no corpo físico

PERISPÍRITO
corpo espiritual; envoltório semimaterial do Espírito

PLEXO
rede ou interconexão de nervos, vasos sanguíneos ou linfáticos

FISIOLÓGICO
relativo às funções orgânicas e aos processos vitais dos seres vivos

INFLUXO
corrente

FONADOR
que produz voz

Qual o papel dos centros vitais no intercâmbio mediúnico?

RAUL Encontramos os centros vitais como sendo representações do corpo psicossomático ou perispírito, correspondendo aos plexos no corpo físico.

São verdadeiras subestações energéticas.

À proporção que encontramos no mapa fisiológico do indivíduo os diversos entroncamentos nervosos, de vasos, de veias, temos aí um foco de expansão de energia.

O nosso centro coronário, que é a porta que se abre para o cosmo, é a "esponja" que absorve o influxo de energia e o distribui para o centro cerebral, para o centro laríngeo e, respectivamente, para outros centros que se localizam pelo corpo. Sabemos que tais energias, antes de atingir o corpo físico, abrigam-se no corpo espiritual. Do mesmo modo como se tivéssemos uma grande caixa d'água abastecendo uma cidade, tendo em cada residência a nossa particular, verificamos no organismo a grande "caixa" que absorve as energias de maior vulto, que é o citado centro coronário, e as pequenas "caixas" que vão atendendo às outras regiões: o centro cerebral atendendo às funções intelectivas do homem, acionando as funções da mente; o centro laríngeo responsável pela respiração, pela fala e todas as funções importantes do aparelho fonador; temos o centro cardíaco que está ativando as emoções, as emissões do sentimento do homem, atuando sobre o músculo cardíaco. Conhecemos o centro gástrico responsável pela digestão energética e naturalmente achamos aí, no campo da mediunidade, uma contribuição muito grande, porque os médiuns invigilantes ou que estão nas lides sem o devido policiamento, sem as devidas defesas, quando entram em contato com atormentados, sentem as tradicionais náuseas, absorvendo energias que os alimentam de maneira negativa e provocam mal-estares de repercussão no soma, no corpo físico; a dor de cabeça, tão comum aos médiuns, são energias atingindo o centro cerebral. Lembramos, ainda, o centro esplênico, responsável pela filtragem de energia, atuando sobre o baço, do mesmo modo que este é responsável pelo armazenamento do sangue, pela filtragem. E, achamos o centro básico ou genésico, por onde absorvemos a energia provinda dos minerais, do solo, o chamado pelos iogues de *kundalini* ou "fogo serpentino".

Esses centros espalhados são tidos como os mais importantes, mas, ao longo do corpo, temos vários outros centros por onde as energias penetram ou por onde elas são emitidas. Dessa forma, os centros de força são distribuidores de energia ao longo do corpo psicossomático que têm a função de atender ao corpo somático. Identificamos a correspondência das veias, das artérias e dos vasos no corpo físico com as "linhas de força" do corpo perispiritual. Eis por que, quando recebemos o passe, imediatamente sentimos bem-estar, nos sentimos envolvidos numa onda de leveza que normalmente nos provoca emoção.

Porque as energias penetram o centro coronário e são distribuídas por essas "linhas de força", à semelhança de qualquer medicamento, elas vão atingir as áreas carentes. Se estivermos com uma problemática cardíaca, por exemplo, não haverá necessidade de aplicar as energias sobre o

MÉDIUM
indivíduo que atua como intermediário entre os planos espiritual e material

NÁUSEA
desejo ou ânsia de vômito; enjoo

SOMA
organismo físico

IOGUE
indivíduo praticante da ioga ou adepto de sua filosofia

KUNDALINI
energia que transita entre os centros vitais

CORPO SOMÁTICO
corpo físico

PASSE
transfusão de energias psíquicas benéficas realizada geralmente por meio da imposição de mãos sobre alguém

músculo cardíaco, porque, em penetrando nossa intimidade energética, aquele centro lesado vai absorver a quantidade, a parcela de recursos fluídicos de que necessita. Do mesmo modo, se temos uma dor na ponta do pé e tomamos um analgésico, que vai para o estômago, a dor na ponta do pé logo passa. Então, o nosso cosmo energético está, como diz a doutrina espírita, ligado célula por célula ao nosso corpo somático. Por isso, os centros de força do perispírito têm seus correspondentes materiais nos plexos do corpo carnal, ou, diríamos de melhor maneira, os plexos do corpo carnal são representantes materiais, são a expressão materializada dos fulcros energéticos ou dos centros de força, ou, ainda, dos centros vitais do nosso perispírito.

FULCRO
parte essencial ou mais importante; ponto básico; núcleo

5.

Entendendo-se a mediunidade como uma faculdade espiritual, mas simultaneamente como uma predisposição orgânica, pode-se afirmar que os Espíritos que vêm reencarnando nos últimos anos renascem com corpos mais evoluídos e adequados ao processo de intercâmbio mediúnico?

DIVALDO Observo e constato, ao largo dos anos da atual existência, que os médiuns são portadores de "uma predisposição" especial, o que vem dando lugar pelo exercício à mais ampla capacidade de registro e decodificação das ondas mentais dos comunicantes desencarnados, insculpindo-se na organização física, em razão da adequação do perispírito ao contínuo influxo das vibrações registradas.

Atrevo-me a pensar que, no futuro, nossos corpos serão mais sutis, melhormente equipados de recursos que jazem "adormecidos", assim como de faculdades especiais que facultarão as reencarnações felizes e mais duradouras no plano físico.

PREDISPOSIÇÃO
disposição, tendência natural para algo

REENCARNAR
voltar a encarnar (o Espírito liga-se ao corpo físico para viver a vida corpórea), em um corpo físico diferente daquele animado em existência anterior

DECODIFICAÇÃO
interpretação de uma mensagem

INSCULPIR
gravar, inscrever

JAZER
ficar, encontrar-se

FACULTAR
possibilitar, permitir

6.

No caso do fenômeno de Pentecostes, em que as pessoas escutavam os apóstolos falando em seus próprios idiomas, pode-se entender que seria uma sensibilidade mediúnica dos presentes? uma implementação da informação no corpo mental pela mente do apóstolo e traduzida como a escuta da voz pelo ouvinte? ou seria uma interferência hipnótica de outro Espírito auxiliando o fenômeno?

DIVALDO Conforme a segura narração evangélica, o Pentecostes foi um extraordinário fenômeno de xenoglossia coletiva (glossolalia), mediante o qual os Espíritos elevados "incorporaram" os apóstolos que eram portadores de mediunidade, como predisposição orgânica própria para facilitar-lhes o ministério para o qual se haviam reencarnado.

Os ouvintes não eram médiuns ostensivos, mas possuidores da capacidade normal de escutar, discernir e entender, razão que os levou à surpresa diante do fenômeno, ocorrendo àqueles que não entendiam a mensagem, porque não era em seu idioma ou dialeto, a suspeita de que os missionários de Jesus eram portadores do mosto...

PENTECOSTES
antiga festa ecumênica em louvor a Deus; no relato bíblico, no dia de Pentecostes, diversos fenômenos mediúnicos ocorreram em profusão

XENOGLOSSIA
faculdade mediúnica em que o médium fala em língua estrangeira que não é do seu conhecimento

GLOSSOLALIA
xenoglossia

INCORPORAR
expressão historicamente utilizada para designar a realização da psicofonia (faculdade mediúnica em que o Espírito comunica-se por meio da voz do médium)

MINISTÉRIO
atividade, tarefa

OSTENSIVO
manifesto, evidente, patente

DISCERNIR
perceber claramente; distinguir, diferenciar

MOSTO
embriaguez

7.

Com o surgimento das teses científicas defendidas por nobres pesquisadores, acerca da possibilidade do cérebro trabalhar como "holograma", hipótese também aventada pela veneranda Joanna de Ângelis na obra *Triunfo pessoal*, o funcionamento da glândula pineal atenderia mesmo tudo o que se diz a respeito dela, no que se refere à mediunidade, uma vez que alguns pesquisadores detectaram que ela sofre processo de calcificação, o que pressupõe possibilidade de um órgão em involução?

DIVALDO De acordo com seguras informações de alguns benfeitores espirituais, a glândula pineal funciona como um catalisador das vibrações espirituais e transformador das suas ondas, decodificando-as através do processamento energético pelos seus cristais...

À medida que as funções precípuas da pineal diminuem ou mesmo cessam, no conjunto orgânico, ela torna-se um "órgão" portador de especiais "funções espirituais".

HOLOGRAMA
imagem tridimensional obtida por holografia (método de gravação de imagens ópticas tridimensionais)

VENERANDO
que é digno de veneração (respeito inspirado pela dignidade, talento, poder etc.); respeitável

GLÂNDULA PINEAL
corpo pineal, anteriormente também conhecido como epífise; pequena glândula endócrina situada no alto e atrás do terceiro ventrículo craniano, ligada aos ciclos reprodutivos, e secretora de várias substâncias biologicamente ativas, como a melatonina

INVOLUÇÃO
movimento regressivo, processo de regredir; regressão

CATALISADOR
algo que estimula ou dinamiza

PRECÍPUO
mais importante; principal, essencial

8.

No afloramento da mediunidade ostensiva natural, faz-se indispensável cerceá-la ou suspendê-la, enquanto o seu portador, que não conhece o espiritismo, o estude, ou poderá estudar ao mesmo tempo em que dá curso ao exercício da faculdade?

CERCEAR
limitar, restringir

DIVALDO Penso que é muito difícil para nós outros "cercear" ou "suspender" o afloramento da faculdade mediúnica, quando começa a expressar-se através do corpo físico.

A ocorrência tem as suas raízes no passado espiritual do indivíduo que, experimentando os conflitos e tormentos defluentes das manifestações mediúnicas, desperta para os compromissos a que se vincula na jornada terrestre.

DEFLUENTE
que se origina;
decorrente

Na infância, os pais, os familiares, os educadores podem auxiliar a criança, ante a sua impossibilidade de discernimento e de controle, aplicando-se-lhe passes, orando e conversando de forma sempre edificante, exercitando a paciência e a compaixão, amparando o ser em desenvolvimento.

DISCERNIMENTO
capacidade de
avaliar as coisas
com bom senso
e clareza; juízo

Na fase adulta, porém, torna-se imprescindível o esforço do indivíduo pela sua transformação moral, à medida que se vai inteirando do conhecimento espírita.

IMPRESCINDÍVEL
necessário; que
não é prescindí-
vel (renunciável,
dispensável)

São muito valiosos os cursos e os estudos ora em voga, preparando os interessados para o exercício correto da mediunidade. Nada obstante, caso o paciente seja portador de idealismo e esteja desejoso de reequilibrar-se, pode simultaneamente, enquanto estuda, participar das atividades de "desenvolvimento mediúnico".

Recordemos os grandes médiuns de ontem que educaram a mediunidade durante o período em que a exercitavam, porque não havia os cronogramas de estudos e os cursos de que dispomos no momento.

EM VOGA
em destaque

CRONOGRAMA
programa

9.

Embora não se possa dispor ainda de dados confiáveis, observa-se que a faculdade mediúnica ocorre, com certa frequência, entre familiares e descendentes. Poderia a hereditariedade influir, de certa forma, na estruturação e funcionalidade dos corpos físicos, tornando-os instrumentos mais adequados ao exercício da mediunidade?

DIVALDO Pessoalmente acredito que a hereditariedade fornece alguns dos recursos orgânicos que facilitam a eclosão da mediunidade, de modo que faculta a sua ocorrência, por fornecer os delicados e complexos equipamentos "eletrônicos" necessários.

Dessa forma, penso que a hereditariedade, embora não desempenhe um papel preponderante, oferece vasta contribuição para equipar os indivíduos com a faculdade mediúnica, estando ela invariavelmente vinculada a compromissos espirituais firmados antes do renascimento corporal do Espírito...

HEREDITARIEDADE
conjunto de processos biológicos que resultam na transmissão de caracteres de uma geração às outras por meio de genes

ECLOSÃO
surgimento, aparecimento

10.

A prática da mediunidade oferece algum risco de a pessoa tornar-se fanática, mística ou religiosa? Se houver, como evitá-lo?

RAUL A prática da mediunidade não oferece nenhum risco na esfera do fanatismo, de nenhuma ordem, se estiver embasada no discernimento teórico, na devida compreensão, sob uma reflexão amadurecida do que ela representa na vida de uma pessoa que chegou ao mundo portando tal atributo.

A prática mediúnica não predisporá ninguém ao fanatismo, se for conscientemente realizada, pautada no bom senso que leva o médium a exercitar-se na humildade e na prática do bem, na autoeducação que possibilita a educação em qualquer outra área.

Se a pessoa portadora da faculdade mediúnica atuar na mediunidade de acordo com o que orientam os numes tutelares da humanidade em *O livro dos médiuns*, caminhará, isto sim, pelos roteiros do equilíbrio e da conquista da anelada harmonia interior.

FANÁTICO
que se mostra excessivamente entusiástico, exaltado, de uma devoção quase sempre cega

MÍSTICO
que leva em conta somente os fatores extrafísicos na explicação das coisas

ATRIBUTO
característica

PAUTADO
dirigido por regras; regrado, disciplinado

NUME TUTELAR
Espírito protetor

ANELADO
desejado intensamente; cobiçado

11.

PARANORMAL
que não faz parte
dos fenômenos
ou experiên-
cias normais

TELEPATIA
comunicação direta
e a distância entre
duas mentes

PRECOGNIÇÃO
percepção ex-
trassensorial ou
conhecimento
antecipado de fatos
futuros não dedu-
zíveis logicamente

CLARIVIDÊNCIA
faculdade mediú-
nica ou anímica
de vidência mais
abrangente, pro-
funda e clara; o
clarividente pode
observar fatos e
situações que ocor-
rem distantes de si

ANIMISMO
manifestação
da própria alma
do indivíduo

ENCARNADO
Espírito ligado ao
corpo físico vivendo
a vida corpórea

BIOPSÍQUICO
biológico e psíquico
simultaneamente

Os diversos fenômenos paranormais, como telepatia, precognição, clarividência e experiências fora do corpo, já foram definitivamente provados cientificamente por Joseph Banks Rhine e outros. Nesse contexto, ficou evidente que todos eles precisam de determinadas áreas cerebrais para se processar. Quando Kardec se refere a animismo, em _O livro dos médiuns_, pode-se supor que se trata exatamente desses fenômenos?

RAUL Muito importante é que consigamos entender que fenômenos paranormais são todos aqueles que fogem da regularidade dos processos mentais comuns à criatura humana.

Allan Kardec chamou de anímicos os fenômenos paranormais produzidos pela mente do indivíduo encarnado. A esses mesmos fenômenos, os cientistas que os estudaram chamaram de parapsicológicos.

O que ocorre é que os mesmos fenômenos que o indivíduo encarnado pode produzir com seus poderes mentais podem também ser provocados por indivíduos desencarnados, que se valerão dos recursos biopsíquicos dos encarnados. Aí, então, estaremos diante de outros fenômenos paranormais, agora, porém, de ordem mediúnica. Kardec distinguiu-os didaticamente muito bem, quando chamou os primeiros de fenômenos anímicos e os outros de fenômenos mediúnicos.

Uma coisa não invalida a outra. O grande problema envolvido na questão é a dificuldade comum de se entender que os mesmos tipos de fenômenos podem ser produzidos tanto por seres ainda encarnados quanto por outros já desencarnados.

12.

No passado, os trabalhos de <u>materialização</u> de Espíritos tiveram fundamental papel na divulgação da realidade do Espírito. Hoje em dia, tais atividades só muito raramente ocorrem e não apresentam a mesma importância. Há possibilidade de que no futuro esses trabalhos passem a desempenhar algum novo papel no <u>movimento espírita</u> ou mesmo na humanidade?

RAUL Podemos <u>evocar</u>, em *O livro dos Espíritos* ("Conclusão", item V), as palavras do <u>Codificador</u> Allan Kardec, ao dizer que:

> Três períodos distintos apresenta o desenvolvimento das ideias espíritas: primeiro, o da curiosidade, que a singularidade dos fenômenos produzidos desperta; segundo, o do raciocínio e da filosofia; terceiro, o da aplicação e das consequências. O período da curiosidade passou; a curiosidade dura pouco. Uma vez satisfeita, muda de objeto. O mesmo não acontece com o que desafia a meditação séria e o raciocínio. Começou o segundo período, o terceiro virá inevitavelmente.

Mais adiante, na mesma obra ("Conclusão", item VI), volta à carga o Codificador ao se expressar:

> Falsíssima ideia formaria do espiritismo quem julgasse que a sua força lhe vem da prática das manifestações materiais e que, portanto, obstando-se a tais manifestações, se lhe terá minado a base. Sua força está na sua filosofia, no apelo que dirige à razão, ao bom senso.

MATERIALIZAÇÃO
fenômeno mediúnico de efeito físico em que algo se torna visível e, em alguns casos, tangível

MOVIMENTO ESPÍRITA
conjunto de ações que os adeptos espíritas fazem em nome do espiritismo; agrupamento dos seguidores espíritas

EVOCAR
tornar algo presente pelo exercício da memória; chamar em auxílio

CODIFICADOR
denominação dada a Allan Kardec por ter codificado (reunido numa só obra textos, documentos etc.) o ensino dos Espíritos, dando origem à doutrina espírita

CODIFICAÇÃO *conjunto das cinco obras escritas e organizadas por Allan Kardec: O livro dos Espíritos, O livro dos médiuns, O evangelho segundo o espiritismo, O céu e o inferno e A gênese*

De tudo o que temos aprendido na codificação espírita e pelas orientações dos imortais que hão transmitido seus ensinamentos, no sentido de nos explicar as instruções doutrinárias, verificamos que não está nas cogitações do mundo espiritual superior nenhuma retomada dos fenômenos de efeitos físicos, a fim de levar pequenos ou grandes grupos humanos à crença, num tempo em que se pode pensar, analisar fatos e dados com excelentes suportes científicos e tecnológicos, desde que se tenha interesse e boa disposição para isso, alicerçando a fé sobre a força da razão e iluminando a razão com as chamas que nascem na experiência prática do amor a Deus e ao semelhante.

Em muitas áreas do movimento espírita, porém, parece que algumas almas estão rumando na contramão dos propósitos do espiritismo. Enquanto os imortais falam, escrevem, demonstram e orientam a criatura humana de modo que ela se espiritualize, tanto quanto seja possível na Terra, muitos encarnados gastam seus recursos psíquicos e físicos nas tentativas pertinentes à primeira fase, ou seja, de materializar os Espíritos.

13.

Como pode ser vista a prática do atendimento fraterno, nos centros espíritas, com atendentes mediunizados fazendo revelações de eventos passados e futuros?

RAUL Para dizer o mínimo, seria totalmente despropositado esse tipo de atendimento. O que se procura no chamado atendimento fraterno, em instituições espíritas, é um esforço de cooperação do trabalhador encarnado com os irmãos em humanidade. Ouvir o outro e trocar com ele as expressões da nossa sensibilidade fraternal, mas fundamentalmente do nosso conhecimento cristão-espírita, na tentativa de atuar como cireneus nos processos mais complexos da vida humana.

Mesmo sem a intenção de resolver os problemas alheios, os lidadores do atendimento fraterno deverão estar munidos de boa vontade e lucidez suficiente, a fim de entender que em atividade desse caráter não há nenhuma necessidade de intervenções mediúnicas, considerando que nas reuniões próprias para isso todos os indivíduos que a instituição costuma socorrer estarão sob os cuidados dos benfeitores espirituais que, em muitos casos, foram os que inspiraram os necessitados a buscar o atendimento.

ATENDIMENTO FRATERNO
atividades que integram a recepção e a análise dos casos das pessoas que buscam assistência na instituição espírita, seguido pelo esclarecimento e, quando necessário, pelo encaminhamento dessas pessoas para tratamentos psíquicos, orgânicos, espirituais

CIRENEU
aquele que ajuda ou colabora, especialmente em trabalho difícil

MUNIDO
dotado, provido

LIDADOR
trabalhador

LUCIDEZ
capacidade de conhecer, compreender e aprender

CARÁTER
qualidade peculiar; especificidade, cunho

INTERVENÇÃO
ação que se interpõe

CONSULENTE
aquele que consulta,
que pede conselhos

ESCOPO
campo de atuação,
área de atividade

ÍNDOLE
feitio, natureza

No caso de haver a prática de revelações de passado e de futuro dos consulentes – campo de meras especulações, pois não é o escopo da mediunidade na visão espírita fazer revelações de qualquer índole aos que procuram ajuda –, ficará caracterizado o despreparo dessas instituições para atuar junto à comunidade. Cada instituição espírita, dessa maneira, deverá estar muito atenta à qualidade dos serviços que pode prestar às pessoas, sem comprometer o bom nome do espiritismo.

14.

A mediunidade é uma ferramenta indispensável na evolução do Espírito na Terra?

RAUL A mediunidade como possibilidade de registrar o mundo invisível, em razão dos implementos psíquicos da criatura, é inerente ao ser humano. Todos a possuem nos graus mais variados. É uma condição humana inalienável.

A atividade mediúnica, correspondendo a um compromisso assumido pelo indivíduo na pátria espiritual para contribuir de alguma forma com as ações do bem no mundo, essa não é ferramenta indispensável à evolução. É uma opção da alma, feita antes da sua reencarnação – quando a criatura se depara com o conjunto de comprometimentos que assumiu com as leis de Deus; quando analisa equívocos e omissões por ela vividos –, ou uma sugestão benfazeja dos mentores que orientarão a sua encarnação, verificando que essa atividade poderá ser decisiva no processo de emancipação espiritual do seu tutelado.

Pode-se, assim, avançar nos passos da evolução espiritual ajustado ao bem, perseguindo cada vez mais intensos progressos, e cooperar com o Criador na Sua obra, sem que se esteja propriamente a serviço da mediunidade.

IMPLEMENTO
elemento, equipamento

INERENTE
que é próprio ou característico de algo

INALIENÁVEL
não alienável; que não pode ser retirado, transferido

REENCARNAÇÃO
retorno do Espírito à vida corpórea, em um corpo físico diferente daquele animado em existência anterior

DEPARAR
encontrar

MENTOR
Espírito que dirige uma atividade e/ou guia determinado indivíduo ou grupo

EMANCIPAÇÃO
evolução; independência

TUTELADO
que se encontra amparado, protegido

15.

Que valor tem uma obra literária que revela o passado de vítimas de vários _infortúnios_, como acidentes aéreos ou marítimos, terremotos e _tsunamis_, dentre outros?

RAUL Quando não esteja a serviço de mera especulação, com o sentido de explorar a sensibilidade dos que ficaram em sofrimento e saudade na Terra com expressões de sentimentalismo vazio, esse tipo de literatura visa ao esclarecimento da mentalidade geral para o fato de que, em última análise, ninguém é vítima no mundo, se não vítima de si mesmo.

Ainda quando sejam encontrados culpados, sempre buscados pelo sentimento humano inconformado, temos que nos indagar quanto às razões que levaram o nosso ser querido a encontrar-se no seio do episódio, considerando-se que Deus não comete erros, que Suas leis não comportam discrepâncias.

Uma obra séria e responsável, portanto, produzida por benfeitores espirituais, e que consiga trazer revelações desse nível, acaba sendo obra literária consoladora, tendo em vista informar aos familiares e amigos que, apesar do golpe, do choque, da tragédia física, o seu ente querido libertou-se de amarras espirituais muito complexas, podendo agora avançar pelos roteiros da evolução com alegria, renovado e com a perspectiva de luminoso futuro.

INFORTÚNIO
acontecimento, fato infeliz que sucede a alguém ou a um grupo de pessoas

TSUNAMI
onda marinha volumosa, provocada por movimento de terra submarino ou erupção vulcânica

ESPECULAÇÃO
suposição sem base em fatos concretos; hipótese sem garantia de realização

DISCREPÂNCIA
desigualdade, diferença, discordância

ENTE
pessoa, indivíduo

PERSPECTIVA
esperança, expectativa

16.

A respeito do laboratório do mundo invisível tratado em *O livro dos médiuns*,[1] o Espírito São Luís informa que uma substância venenosa, caso fosse produzida por um Espírito, seria capaz de provocar o envenenamento de quem a ingerisse. Adita o benfeitor, entretanto, que tal produção nociva não seria permitida. Como entender essa interdição? A situação não seria semelhante a uma subjugação que pode levar uma pessoa ao suicídio?

RAUL Caso os Espíritos inferiores pudessem realizar tudo o que têm vontade, em razão dos seus sentimentos ainda inferiores, o mundo não resistiria à sanha destruidora que seria levada a efeito, tendo em vista as aberturas morais que os humanos costumam escancarar.

Entidades espirituais de moral inferior não logram toda e qualquer produção, conforme os seus desejos. Há limites que correspondem aos níveis de evolução dos desencarnados e aos méritos e deméritos dos encarnados que lhes seriam alvos.

Por outro lado, trata-se de duas situações distintas. Uma diz respeito à produção ou ativação de substâncias químicas, relacionada com a faculdade de efeitos físicos de alguns médiuns e com a extração, por parte dos Espíritos, de certos fluidos da natureza circundante.

ADITAR
fazer acréscimo(s); adicionar

NOCIVO
que causa dano, que prejudica; prejudicial

INTERDIÇÃO
ato de impedir ou proibir a realização de algo

SUBJUGAÇÃO
processo obsessivo mais grave; o obsessor influencia o indivíduo de tal modo que passa a comandar a mente e a vontade do obsidiado

SANHA
fúria, ira

LOGRAR
alcançar, conseguir

FLUIDO
elemento bastante sutil, quintessenciado, imponderável, existente em a natureza

CIRCUNDANTE
que circunda; em volta

---

1. Allan Kardec, *O livro dos médiuns*, cap. VIII, item 128, 11.ª questão, FEB, Rio de Janeiro.

PSIQUISMO
conjunto das características psíquicas de um indivíduo

INDUÇÃO
estímulo para a realização de algo; sugestão, incentivo

DESDITOSO
que foi atingido pela desdita (má sorte, infortúnio); desafortunado, infeliz

DESATINO
ausência de bom senso, de juízo; desvario, loucura

O outro caso, o das graves obsessões, tem que ver com a influência do desencarnado diretamente sobre o psiquismo humano. Como os Espíritos comumente dirigem a mente humana, uma vez que podem influenciar seus pensamentos e atitudes, torna-se mais fácil entender a indução do desencarnado desditoso ou mau sobre a sua presa – por conhecer seus medos, fragilidades e torturas íntimas –, podendo levá-la a cometer desatinos, inclusive o suicídio.

"A mediunidade é, antes de tudo, uma oportunidade de servir. Bênção de Deus, que faculta manter o contato com a vida espiritual. Tem uma finalidade de alta importância, porque é graças a ela que o homem se conscientiza das suas responsabilidades de Espírito imortal.

— DIVALDO FRANCO

MÉDIUNS

2

17. médiuns inconscientes
   » classificação de Kardec

18. responsabilidade do médium inconsciente
   » vida moral e intercâmbio
   » defesas magnéticas do centro espírita
   » dificuldade de se concentrar no bem durante a prece

19. recursos para médiuns conscientes
   » necessidade de estudo
   » fenômeno inspirativo
   » médium consciente e dúvida

20. atitudes desequilibradas dos Espíritos comunicantes
   » educação do médium
   » comunicação de suicidas
   » cacoetes e viciações dos médiuns
   » controle dos médiuns sobre as comunicações

21. requisitos necessários aos médiuns para as lides mediúnicas
   » ajustar-se para servir ao Cristo
   » humildade
   » Espírito de Verdade: amor e instrução

22. conduta do médium é de sua responsabilidade
   » transferir a responsabilidade para os Espíritos

23. médium inconsciente e fato de não se recordar da comunicação
   » coparticipação do Espírito do médium

24. coparticipação e controle
   » médium educado preserva o próprio corpo físico

25. responsabilidade do médium inconsciente
   » relação entre fenômeno anímico e mediúnico

26. médium influenciado por entidades fora da reunião
   » indivíduo é médium onde quer que se encontre
   » importância da educação mediúnica
   » manter a vigilância

27. distinguir as alterações psíquicas e orgânicas
   » médium deve estudar-se e estudar a mediunidade
   » assimilação vibratória do ambiente

28. qualidade dos Espíritos que se afinizam conosco
   » prática mediúnica e afinidades vibratórias
   » ligar-se aos Espíritos que estão na faixa do Cristo

29. utilidade da mediunidade de vidência
   » discrição dos médiuns videntes

30. colaboração do médium vidente

31. segurança e permanência da vidência mediúnica
   » depende muito do estado moral do médium

32. médiuns que enxergam, ao mesmo tempo, quadros diferentes
   » percepções visuais e faixas vibratórias

33. descrições diferentes sobre a mesma visão mediúnica
   » capacidade de cada médium

34. semelhança na descrição
   » o conjunto geral será o mesmo

35. finalidade da existência de médiuns curadores
   » intermediário para chamamento aos que sofrem

TEMÁRIO 2

36. uso de instrumental cirúrgico
   » médiuns que não se
   utilizam disso
   » prevalência da
   técnica superior

37. cuidados que médium
   curador deve ter
   » estudar a doutrina espírita
   » curas a Deus pertencem
   » médiuns curadores
   e código penal
   » curandeirismo e exploração
   da ingenuidade do povo

38. perigo do endeusamento
   do médium
   » médium não fala
   por si próprio
   » endeusamento e incentivo

39. trocar a tarefa mediúnica por
   outra atividade doutrinária
   » exercer a mediunidade
   e outra atividade
   na casa espírita

40. consequências decorrentes
   da interrupção da
   tarefa mediúnica
   » mediunidade e
   predisposição orgânica
   » mediunidade é compromisso
   para toda a vida

41. livro *Painéis da obsessão*
   » convivência do médium
   com cenas descritas
   pelo autor espiritual
   » doença física e
   obsessão espiritual

42. utilidade dos cursos de
   formação de médiuns
   » estudo acerca da
   mediunidade como parte
   dos estudos do espiritismo
   » cuidados relativos aos cursos

43. diplomas e carteiras na
   formação de médiuns
   » propostas do espiritismo são
   trabalho e renovação íntima

44. arquivos do mundo espiritual
- » memória dos tempos
- » avançada tecnologia espiritual
- » gravações sobre Jesus em setores especiais
- » acesso aos labores do Mestre

45. merecimento dos médiuns abnegados
- » desdobramento pelo sono
- » visitas aos núcleos da vida de Jesus

46. ocorrência da vidência mediúnica
- » bagagens ancestrais de cada indivíduo
- » diferenças entre a vidência de um e outro médium
- » vidência de Espíritos superiores
- » vidência disciplinada

47. ser humano é suscetível às influências espirituais
- » todos somos mais ou menos médiuns
- » médiuns são mais predispostos à ação dos Espíritos enfermos ou perturbadores

17.

Existe mediunidade inconsciente?

MEDIUNIDADE
faculdade natural
do ser humano, que
propicia o intercâm-
bio entre os planos
espiritual e material

INCONSCIENTE
que não tem cons-
ciência; que não é
percebido pelo indi-
víduo que o vivencia

MÉDIUM
indivíduo que atua
como intermediário
entre os planos
espiritual e material

SONAMBÚLICO
relativo ao sonâm-
bulo, indivíduo que
apresenta o sonam-
bulismo (faculdade
que propicia a
emancipação da
alma de maneira
bastante acentuada
durante o sono)

DIVALDO Sem dúvida. Kardec classificava os médiuns gene-ricamente em dois tipos: seguros e inseguros. Dentro dessa classificação, os seguros são aqueles que filtram com fideli-dade a mensagem, aqueles que são automáticos, sonambúli-cos, inconscientes, portanto, por meio dos quais, o fenômeno ocorre dentro de um clima de profundidade, sem que a cons-ciência atual tome conhecimento.

Podem ser os médiuns conscientes, semiconscientes e inconscientes. Quanto às suas aptidões e qualidades morais, eles têm vasta classificação.

18.

Tem o médium inconsciente responsabilidade pelo que ocorra durante as comunicações?

DIVALDO O fenômeno é sonambúlico, mas a comunicação está relacionada com a conduta moral do médium. Este é sempre responsável pelas ocorrências, assim como em muitas obsessões, quando o indivíduo entra numa faixa de subjugação e perde a consciência, ele parece não ser responsável pelo que se passa; no entanto, o é por haver sintonizado com aquele Espírito que o dominou temporariamente. Está no evangelho de Jesus o assunto colocado de uma maneira brilhante pelo Mestre quando diz aos recém-liberados: "Vai e não tornes a pecar, para que te não aconteça algo pior." (*João*, 5:14) Porque o indivíduo que não se modifica permanece numa faixa vibratória negativa e sintoniza com as entidades mais inditosas, portanto, semelhantes.

Colocando-nos no plano da mediunidade, a nossa vivência moral digna interdita o intercâmbio com as entidades frívolas.

As entidades malévolas dificilmente se adentram na casa espírita que tem um padrão vibratório nobre, porque as defesas impedem que tais Espíritos rompam as barreiras magnéticas. Mas a pessoa que se adentra sem o perseguidor deverá reformar-se enquanto está no ambiente espiritual. O que ocorre então? Tal indivíduo, em vez de acompanhar o doutrinador, de observar e meditar a respeito das lições que lhe são ministradas, por uma viciação mental continua

COMUNICAÇÃO
ato de transmitir a mensagem do Espírito

OBSESSÃO
ação mental persistente e maléfica que um indivíduo exerce sobre outro

SUBJUGAÇÃO
processo obsessivo mais grave

ENTIDADE
ser, Espírito

INDITOSO
desditoso, infeliz

INTERDITAR
impedir a realização de algo

FRÍVOLO
fútil, que se ocupa com coisas de pouca importância ou (quase) nenhum valor

DOUTRINADOR
dialogador (integrante da reunião mediúnica responsável pelo diálogo com os Espíritos comunicantes com o objetivo de os consolar, esclarecer, socorrer, encaminhar)

CLICHÊ
ideia, pensamento repetido continuadamente

HIPNÓTICO
relativo à hipnose

TELEPÁTICO
relativo à telepatia (comunicação direta e a distância entre duas mentes)

VULGAR
banal, de qualidade inferior, chulo

INCONSCIENTE
conjunto dos processos psíquicos que não possuem a intensidade suficiente para atingir a consciência

IDEOPLASTIA
imagem ou cena plasmada no campo psíquico do sujeito por suas ideias, seus pensamentos, seus desejos

PERNICIOSO
que faz mal; nocivo

ENXERTO
inserção de algo que provém de outro local

PORFIAR
obstinar-se; perseverar

com os mesmos clichês que trouxe lá de fora, ficando dentro do centro, porém ligado aos Espíritos com os quais se afina, mantendo vinculação hipnótica, telepática.

Há pessoas que não conseguem orar e, quando vão orar, ocorrem-lhes pensamentos de teor vibratório muito baixo. Na hora da prece são assistidas essas pessoas por lembranças de coisas desagradáveis, vulgares, sensuais, e não sabem compreender como isso lhes sucede. É resultado de hábito mental.

Se nós, a vida inteira, jogamos para o inconsciente ideias depressivas, vulgaridades, criamos ideoplastias perniciosas. A nossa memória anterior ou subconsciente fica encharcada daquelas fixações. Na hora em que vamos exercitar um pensamento ao qual não estamos habituados, é lógico que, primeiro, aflorem os que são frequentes. Ilustraremos melhor: imaginemos aqui um vaso comunicante em forma de letra "U". De repente vamos orar ou sintonizar com os Espíritos nobres. Pelo superconsciente vem a ideia, passa pelo consciente e desce ao inconsciente. Ao passar por ali, recebe o enxerto das ideias arquivadas e chega novamente à razão, influenciada pela mescla do que está em depósito. Se pegamos um vaso que está com fuligem, com poeira e colocamos água limpa, ela entra cristalina, porém sai suja, até que, se perseverarmos e continuarmos colocando água limpa, ela irá assear aquele depósito e sairá, por fim, como entrou. É necessário, então, porfiar na ideia, insistir nos planos positivos, permanecer nos pensamentos superiores.

Somos sempre responsáveis por quaisquer comunicações, desde que somos o fator que atrai a entidade que se vai apresentar, graças às nossas vibrações e conduta intelecto-moral.

19.

De que dispõe o médium psicofônico consciente para distinguir seu pensamento do pensamento da entidade comunicante?

DIVALDO O médium consciente dispõe do bom senso. Eis por que, antes de exercitar a mediunidade, deve estudá-la; antes de entregar-se ao ministério da vivência mediúnica, é-lhe lícito entender o próprio mecanismo do fenômeno mediúnico. Allan Kardec, aliás, sábio por excelência, teve a inspiração ditosa de primeiro oferecer à humanidade *O livro dos Espíritos*, que é um tratado de filosofia moral. Logo depois, *O livro dos médiuns*, que é um compêndio de metodologia do exercício da faculdade mediúnica. Há de ver-se, no capítulo III, que é dedicado ao método, sobre a necessidade de o indivíduo conhecer a função que vai disciplinar. Então, o médium tem conhecimento de suas próprias aptidões e de sua capacidade de exercitá-las.

Na mediunidade consciente ou lúcida, o fenômeno é, a princípio, "inspirativo".

Naturalmente os Espíritos se utilizam do nível cultural do médium, o mesmo ocorrendo nas demais expressões mediúnicas: na semiconsciente e na inconsciente ou sonambúlica. O médium, no começo, terá que vencer o constrangimento da dúvida, em cujo período ele não tem maior certeza se a ocorrência parte do seu inconsciente, dos arquivos da memória anterior, ou se provém da indução de natureza extrínseca. Através do exercício, ele adquirirá um conhecimento de tal maneira equilibrado que poderá identificar quando se trata de si próprio – *animismo*, ou de interferência

---

MÉDIUM PSICOFÔNICO
médium que apresenta a psicofonia (faculdade mediúnica em que o Espírito comunica-se por meio da voz do médium)

MINISTÉRIO
execução de uma tarefa, de uma obra; atividade, trabalho

LÍCITO
justo ou permitido

DITOSO
feliz

TRATADO
obra que expõe de forma didática assuntos a respeito de uma ciência, arte etc.

COMPÊNDIO
resumo de uma teoria, ciência, doutrina etc.

INSPIRATIVO
inspirador (que sugere ideias, pensamentos, sentimentos)

CULTURAL
que diz respeito ao conjunto de conhecimentos, informações, saberes adquiridos e que instruem

INDUÇÃO
estímulo para a realização de algo; sugestão, incentivo

EXTRÍNSECO
exterior

FLUIDO
elemento bastante sutil, quintessenciado, imponderável, existente em a natureza

SÍNTESE
reunião de elementos diferentes e fusão deles num todo coerente; resumo da essência de algo

LUCIDEZ
clareza dos sentidos ou das percepções

DISCERNIR
perceber claramente; distinguir, diferenciar

espiritual – *mediunismo*. Por meio da lei dos fluidos, pelas sensações que o médium registra durante a influência que o envolve, passa a identificar qual a entidade que dele se acerca. A partir daí, oferece-se numa entrega tranquila, e o Espírito que o conduz inspira-o além da sua própria capacidade, dando leveza às suas ideias habituais, oferecendo-lhe a possibilidade de síntese que não lhe é comum, canalizando ideias às quais não está acostumado e que ocorrem somente naquele instante da concentração mediúnica. Só o tempo, porém, pelo exercício continuado, oferecerá a lucidez, a segurança para discernir quando se trata de informação dos seus próprios arquivos ou da interferência dos bons Espíritos.

20.

Pode o médium, em algumas comunicações, não conseguir evitar totalmente as atitudes desequilibradas dos Espíritos comunicantes?

DIVALDO À medida que o médium educa a força nervosa, logra diminuir o impacto do desequilíbrio do comunicante. É compreensível que, em se comunicando um suicida, não venhamos a esperar harmonia por parte da entidade em sofrimento; alguém que foi vítima de uma tragédia, sendo arrebatado do corpo sem o preparo para a vida espiritual, apresentará no médium o estertor do momento final, na própria comunicação, algumas convulsões em virtude do quadro emocional em que o Espírito se encontra.

Há, porém, certos cacoetes e viciações que nos cumpre disciplinar. Há médiuns que só "incorporam" (termo incorreto), isto é, somente dão comunicação psicofônica, se bocejarem bastante. Para dar um toque de humor: quando eu comecei a frequentar a casa espírita, na minha terra natal, a primeira parte era um deus nos acuda! Porque as pessoas bocejavam e choravam, demasiadamente. Eu, como era médium principiante, cria que também deveria bocejar de quebrar o queixo. A "médium principal", que era uma senhora muito católica, iniciava as comunicações sempre depois de intermináveis bocejos e tosses que a levavam às lágrimas. Hoje não bocejo nem no meu estado normal. Quando eles vêm, eu cerro os dentes e os evito.

É lógico que uma entidade sofredora impregna-nos de energia perniciosa, advindo o desejo de exteriorizar pelo bocejo. É uma forma de eliminar toxinas. Mas nós podemos

LOGRAR
alcançar, conseguir

ESTERTOR
agonia; respiração ruidosa de quem está desencarnando

CONVULSÃO
contração patológica, involuntária, de grandes áreas musculares

CACOETE
gesto, trejeito ou hábito corporal feio, de mau gosto, anormal, ridículo ou vicioso

INCORPORAR
expressão historicamente utilizada para designar a realização da psicofonia (faculdade mediúnica em que o Espírito comunica-se por meio da voz do médium)

PSICOFÔNICO
relativo à psicofonia

PERNICIOSO
que faz mal; nocivo

ADVIR
surgir como consequência de; provir, resultar

TOXINA
substância tóxica

SUDORESE
secreção de suor;
transpiração

DESTITUÍDO
despojado, privado

DISTÚRBIO
perturbação,
agitação

PERISPÍRITO
corpo espiritual;
envoltório semima-
terial do Espírito

DESENCARNADO
Espírito liberto do
corpo físico em
decorrência da
morte biológica

DIRETRIZ
norma de procedi-
mento, conduta etc.

ENCARNADO
Espírito ligado ao
corpo físico vivendo
a vida corpórea

eliminá-las pela sudorese, por outros processos orgânicos, não necessariamente o bocejo. Há outros médiuns que têm a dependência de, todas as vezes em que vão comunicar-se os Espíritos, bater na mesa ou bater os pés, porque se não baterem não se comunicam. Lembro de uma vez em que tivemos uma mesa redonda. O presidente da mesa era um homem muito bom, muito evangelizado, mas não havia entendido bem a doutrina, tendo ideias doutrinárias muito pessoais. Ele perguntou-me quando é que o Espírito "incorpora" no médium. Mas logo respondeu: "A gente chupa... chupa... até engolir! Não é verdade?" São cacoetes, destituídos de sentido e lógica.

Os médiuns têm o dever de coibir o excesso de distúrbios da entidade comunicante.

Na minha terra, vi senhoras que se jogavam no chão, e vinham os cavalheiros prestimosos ajudá-las... Graças a Deus eram todas magrinhas...

O médium deve controlar o Espírito que se comunica, para que este lhe respeite a instrumentalidade, mesmo porque o Espírito não entra no médium.

A comunicação é sempre através do perispírito, que vai oferecer campo ao desencarnado. Todavia, a diretriz é do encarnado.

21.

Quais são os requisitos necessários aos médiuns que militam na tarefa mediúnica?

RAUL Percebendo que a mediunidade é uma faculdade mental, ela independe de o indivíduo ser nobre ou devasso. Sendo a mediunidade essa luz do espírito que se projeta através da carne, admitiremos também poder encontrá-la representando a treva do espírito que escorre através do soma. E exatamente por isso percebemos que o médium deverá ajustar-se, quando deseje servir com o Cristo. Atrelado às forças do bem, ajustar-se ao esforço de vivenciar as lições evangélicas, renovando gradativamente os panoramas da própria existência, domando as inclinações infelizes, inferiores, elevando o padrão mental para que sua mentalização se dirija para o sentido nobre, fazendo-o cada vez mais vibrátil nas mãos das entidades felizes. Logo, os requisitos para o exercício da mediunidade no enfoque espírita serão o exercício da humildade, da humildade que não se converte em subserviência, mas que é a atitude de reconhecimento da grandeza da vida em face da nossa pequenez pessoal; o espírito de estudo, de apercebimento continuado das leis que nos regem, que nos governam. O médium espírita deverá estar sempre voltado para aumentar o seu patrimônio de conhecimento das coisas, dando-nos conta de que o Espírito da Verdade nos disse ser necessário o amor que assiste, que guarda, que renuncia, que serve, e, ao mesmo tempo, a instrução que de maneira alguma representará apenas o diploma acadêmico, mas que é esse engrandecimento do caráter, da inteligência, esse amadurecimento que, muitas vezes, o diploma não confere. Exatamente

DEVASSO
libertino, desregrado, indisciplinado; que agride a decência

SOMA
organismo físico

ATRELADO
ligado, vinculado

VIBRÁTIL
vibrante

SUBSERVIÊNCIA
sujeição servil à vontade alheia

CARÁTER
conjunto de características determinantes psicológicas e/ou morais

ATER
dedicar-se de forma específica; dar atenção especial

ABNEGAÇÃO
ação caracterizada pelo desprendimento e amor desinteressado ao próximo; renúncia, dedicação extrema

aí o médium deverá ater-se ao estudo, ao trabalho, à abnegação ao semelhante, e nesse esforço estará logrando também subir a ladeira para conquistar a humildade.

Numa colocação feita pelo Espírito Albino Teixeira, através de Chico Xavier, no livro *Paz e renovação*,[2] diz ele que o melhor médium para o mundo espiritual não é o que seja portador de múltiplas faculdades, mas é aquele que esteja sempre disposto a aprender e sempre pronto a servir.

22.

O médium é responsável por toda e qualquer comunicação mediúnica?

AUTÔMATO
indivíduo de comportamento maquinal, executando tarefas ou seguindo ordens como se destituído de consciência, raciocínio, vontade ou espontaneidade

PSICOSSOMA
corpo espiritual; perispírito

DIVALDO Deve sê-lo, porque não é um autômato. Quaisquer comunicações que lhe ocorram são através do seu psicossoma ou perispírito. A conduta do médium é de sua responsabilidade e, graças a essa conduta, ele responde pela aplicação de suas forças mediúnicas.

É muito comum a pessoa assumir comportamentos contrários ao bom-tom e depois dizer que foram as entidades perniciosas que agiram dessa forma. Isso é uma evasão da

BOM-TOM
comportamento socialmente correto, bem-educado, segundo as normas de bom procedimento estabelecidas

EVASÃO
fuga

2. Francisco C. Xavier, diversos Espíritos, *Paz e renovação*, cap. 34, 4.ª ed., CEC, Uberaba, MG, 1979.

responsabilidade, porque os Espíritos somente atuam pelo médium, nele encontrando receptividade para as suas induções. É importante saber que o médium é responsável pela manifestação que ocorra através dele. Para que se torne um médium seguro, um instrumento confiável, é necessário que evolua moral e intelectualmente, na razão em que exercita a faculdade.

Gostaria de dar uma informação que nos transmitem os amigos espirituais: referem-se à seriedade com que as entidades que aqui trabalham estão encarando este encontro.[3] Um dos fatores mais importantes para a divulgação da doutrina espírita, além do estudo sério, é a mediunidade na vivência, no comportamento dos médiuns. Porque os neófitos atraídos para a doutrina vêm, invariavelmente, ansiosos pelos fenômenos e por soluções para problemas que eles não querem equacionar. A invigilância de alguns aprendizes do espiritismo, trabalhando na mediunidade, responde pela deserção dos inseguros, pelos desequilíbrios na comunidade mediúnica. Esses mentores estão empenhados em nos ajudar para o bom discernimento das nossas realizações.

Registro, outrossim, a presença de vários desses amigos que prosseguem colaborando, vivamente empenhados no trabalho de educação e de iluminação das almas. Eles estão

---

3. Referência ao simpósio sobre mediunidade realizado pela Aliança Municipal Espírita de Belo Horizonte, MG, e pela Associação Espírita Célia Xavier, da mesma cidade, nos dias 16 e 17 de junho de 1984, com a participação de Divaldo Franco e Raul Teixeira.

NEÓFITO
iniciante; novato, principiante

ANSIOSO
muito desejoso de; ávido

EQUACIONAR
dispor (dados de um problema, uma questão) para encaminhar, para conduzir a solução; solucionar

DESERÇÃO
abandono, desistência

MENTOR
Espírito que dirige uma atividade e/ou guia determinado indivíduo ou grupo

DISCERNIMENTO
capacidade de avaliar as coisas com bom senso e clareza; juízo

OUTROSSIM
do mesmo modo; igualmente

CAPITANEADO
dirigido, coordenado

CONSOLADOR
denominação que caracteriza o espiritismo como o Consolador prometido por Jesus, a Terceira Revelação (Primeira: mosaismo; Segunda: cristianismo)

SENSITIVO
médium ostensivo

MALEÁVEL
flexivel, dócil, adaptável

hoje aqui capitaneados pelo Espírito Dr. Camilo Chaves, que também convidou um número muito grande de antigos colaboradores da doutrina espírita nesta cidade, tais como Pascoal Comanducci, Henriot, Bady Elias Curi, Dolores Abreu, professor Cícero Pereira, Virgílio Almeida, Célia Xavier, Schembri e outros trabalhadores afeiçoados ao bem, que se encontram empenhados em promover o Consolador em nossa vida para que siga, por acréscimo de misericórdia, na direção de Jesus.

23.
Há médium inconsciente que, após a manifestação do Espírito, não se recorda do que o comunicante disse ou fez por seu intermédio?

DIVALDO Sim, há e ocorre com uma boa parcela dos sensitivos. À medida que a faculdade se torna maleável, que os "filtros" se fazem mais fiéis, o médium não se recorda através da consciência plena, mas ele sabe algo, porque todo fenômeno mediúnico se dá mediante uma *coparticipação* do Espírito encarnado.

24.

Essa coparticipação seria um controle remoto do subconsciente?

DIVALDO Exatamente. O Espírito encarnado é quem coa a mensagem da entidade desencarnada. Então, ao mesmo tempo, exerce a fiscalização, o controle, e coíbe, quando devidamente educado, quaisquer abusos, preservando o instrumento de sua reencarnação, que é o corpo.

SUBCONSCIENTE conjunto dos fatos ou vivências pouco conscientes, ou que estão fora do limiar da consciência atual, ou aos quais ela não pode ter acesso

REENCARNAÇÃO retorno do Espírito à vida corpórea, em um corpo físico diferente daquele animado em existência anterior

25.

Quer dizer que, no fundo, é sempre o médium o responsável, mesmo que tenha faculdade inconsciente, por aquilo que vem através dele?

DIVALDO Daí dizer-se que em todo fenômeno mediúnico há um efeito anímico, assim como em todo fenômeno anímico há uma expressão mediúnica. Por melhor que seja o pianista, o som é sempre do piano.

ANÍMICO relativo à própria alma do indivíduo

26.

Que deve fazer o médium quando influenciado por entidades da reunião, no trabalho, no lar? Quais as causas dessas influências?

DIVALDO No capítulo XXIII de *O livro dos médiuns*, "Da obsessão", o Codificador reporta-se à invigilância das criaturas. É natural que o indivíduo seja médium onde quer que se encontre. A mediunidade não é uma faculdade que só funcione nas reuniões especializadas. Onde quer que se encontre o indivíduo, aí estão os seus problemas. É perfeitamente compreensível que não apenas na oficina de trabalho como na rua, na vida social, ele experimente a presença dos Espíritos; não somente presenças positivas como também perniciosas, entidades infelizes, Espíritos levianos, ou aqueles que se comprazem em perturbar e aturdir. Cumpre ao médium manter o equilíbrio que lhe é proposto pela educação mediúnica.

Mediante a educação mediúnica pode-se evitar a interferência desses Espíritos perturbadores em nossa vida de relação normal, para que não venhamos a cair na obsessão simples, que é o primeiro passo para a subjugação – etapa terminal de um processo de três fases.

Quando estivermos em lugar não apropriado ao exercício da mediunidade ou à exteriorização do fenômeno, disciplinemo-nos, oremos, volvamos a nossa mente para ideias otimistas, agradáveis, porque, mudando o nosso clichê mental, transferimo-nos de atividade espiritual.

CODIFICADOR
denominação dada a Allan Kardec por ter codificado (reunido numa só obra textos, documentos etc.) o ensino dos Espíritos, dando origem à doutrina espírita

LEVIANO
que julga ou procede irrefletida e precipitadamente; insensato

COMPRAZER
sentir contentamento ou prazer; deleitar-se

ATURDIR
perturbar a mente ou os sentidos, dificultar o raciocínio

SUBJUGAÇÃO
processo obsessivo mais grave; o obsessor influencia o indivíduo de tal modo que passa a comandar a mente e a vontade do obsidiado

VOLVER
voltar

CLICHÊ MENTAL
ideia, pensamento repetido continuadamente

É necessário que os médiuns estejam vigilantes porque é muito comum, graças àquele atavismo a que já nos reportamos, a pessoa caracterizar-se como médium por meio de pantomimas, de manifestações exteriores. Como querendo provar ser médium, a pessoa insensata faz caretas, toma choques, caracterizando-se com patologias nervosas. A mediunidade não tem nada que ver com essas extravagâncias muito ao gosto dos exibicionistas.

Como acontece com pessoas que, quando escrevem com a mão, também "escrevem" com a boca, retorcendo-se, virando-se. Não tem nada que ver uma coisa com outra. A pessoa para escrever assume uma postura correta, que aprendeu na escola.

O médium deve aprender também a "incorporar" sem esses transtornos nervosos. No exercício da mediunidade é preciso educar a postura do médium, para que ele seja intermediário equilibrado, não dando ensejo a distonias na área mediúnica.

ATAVISMO
herança de caracteres passados, até de existências anteriores

PANTOMIMA
representação de uma história exclusivamente através de gestos, expressões faciais e movimentos

PATOLOGIA
qualquer desvio anatômico e/ou fisiológico, em relação à normalidade, que constitua uma doença ou caracterize determinada doença

ENSEJO
ocasião, oportunidade

DISTONIA
distúrbio

27.
É possível ao médium distinguir as alterações psíquicas e orgânicas que lhe são próprias das que estão procedendo dos Espíritos desencarnados?

DIVALDO Um dos comportamentos iniciais do médium deve ser o de estudar-se. Daí ser necessário estudar a mediunidade. Eu, por exemplo, quando comecei o exercício da mediunidade, ia a uma festa e assimilava de tal forma o psiquismo do ambiente que me tornava a pessoa mais contente dali. Se ia a um casamento eu ficava mais feliz que o noivo. Se ia a um enterro ficava mais choroso que a viúva, porque me contaminava psiquicamente, e ficava muito difícil saber como era a minha personalidade. Pois, de acordo com o local, havia como que um mimetismo, isto é, eu assimilava o efeito do ambiente.

Lentamente, estudando a minha personalidade, as minhas dificuldades e comportamentos, logrei traçar o meu perfil pessoal, e estabelecer uma conduta medial para que aqueles que vivem comigo saibam como eu sou, e daí possam avaliar os meus estados mediúnicos.

De início, o médium terá algumas dificuldades, porque o fenômeno produz uma interposição de personalidades estranhas à sua própria personalidade. Somando-se velhas dificuldades à sensibilidade mediúnica, o sensitivo passa a ter muito aguçadas as reminiscências das vidas pretéritas, não o caráter da consciência, mas o somatório das experiências.

Recordo-me que, em determinada época da minha vida, terminada uma palestra ou reunião mediúnica, eu tinha uma necessidade imperiosa de caminhar. Caminhar até a exaustão física. Naquele período claro-escuro da mediunidade,

---

PSIQUISMO
conjunto das características psíquicas

MIMETISMO
adaptação em que um organismo adquire características próprias de outro indivíduo ou ambiente

LOGRAR
conseguir

AGUÇADO
capaz de perceber sensações com exatidão; apurado

REMINISCÊNCIA
imagem lembrada do passado

REUNIÃO MEDIÚNICA
atividade realizada com o propósito de intercâmbio com os Espíritos, para socorro, esclarecimento, aprendizado

sem saber exatamente como encontrar a paz, os Espíritos receitaram-me trabalho físico para que, cansado, fosse obrigado ao repouso físico, porque tinha dificuldades de dormir. A vida física era-me muito ativa e, mesmo quando o corpo caía no colapso, a mente continuava excitada, e eu me levantava no dia seguinte pior do que havia deitado. Então, às vezes, eu preferia não deitar.

Com o tempo fui formando meu perfil de comportamento, de personalidade, aprendendo a assumir a responsabilidade dos insucessos e a transferir para os mentores os resultados das ações positivas que são sempre de Deus, enquanto os erros são sempre nossos. Estaremos sempre em sintonia com Espíritos de comportamento idêntico ao nosso. Daí, o médium vai medindo as suas reações, suas mágoas, ciúmes, invejas, e irá identificando as reações positivas, a beleza, o desejo de servir. Por fim, aprende a selecionar quando é ele e quando são os Espíritos que estão agindo por seu intermédio.

COLAPSO
sono

EXCITADO
estimulado, animado

28.

Que determinará a qualidade dos Espíritos que, pela lei das afinidades, serão impelidos a se afinarem conosco nas práticas mediúnicas?

RAUL Compreendemos que todos nós renascemos com determinadas tarefas a realizar, e, para esse entendimento, há aqueles que renascem com a tarefa da mediunidade. O chamamento da mediunidade na hora correta mostra aquele que porta o compromisso ajustado. Normalmente, as entidades que deverão *trabalhar*, que deverão atuar no campo mediúnico, dirigindo as lides entre os companheiros da Terra, já vêm ajustadas desde os seus contatos no mundo espiritual. Elas posicionam-se como verdadeiros guardiães para que, em momento oportuno, o indivíduo apresente-se diante do chamado.

Há outros Espíritos que estão associados a essa programação reencarnatória e que se afinam com o encarnado fora do labor da mediunidade; e, à semelhança de alguém que se transfira de uma casa para outra, de um bairro para outro, vai surgindo a vizinhança nova e vão mostrando os Espíritos que se unem por afinidades, por sintonia de gosto com aqueles que são os médiuns.

O médium, desejoso que a sua vizinhança espiritual seja do melhor naipe, deverá preparar-se para ser também de bom teor a sua vida. Como nos ensina Emmanuel, deverá ligar-se aos que estão na faixa do Cristo.[4] E, mesmo quando se manifestem entidades enfermas, o médium estará servindo à enfermagem espiritual, da mesma forma que um enfermeiro

LIDE
atividade

REENCARNATÓRIO
que diz respeito
à reencarnação

LABOR
trabalho, atividade

NAIPE
natureza ou qualidade de pessoa ou
coisa; condição

---

4. Francisco C. Xavier, Espírito Emmanuel, *Seara dos médiuns*, cap. 38, 2.ª ed., FEB, Rio de Janeiro, 1973.

num hospital da comunidade, embora atenda a diversos doentes, a vários pacientes de múltiplas características, nem por isso assimilará as <u>mazelas</u> do doente. Um médico que trabalhe com doenças contagiosas, nem por isso contrairá as <u>moléstias</u> das quais trata. Então, esses médiuns que estão <u>laborando</u> com os diversificados tipos espirituais procurarão ajustar-se aos Espíritos benfeitores, unir-se pela vivência, pela prática do amor e da caridade, em suas várias dimensões.

Entendemos, com a doutrina espírita, que para nos ajustarmos aos Espíritos nobres será necessário enquadrar nossa <u>romagem</u>, pensamentos e hábitos ao bem e ao trabalho da caridade.

MAZELA
chaga, doença

MOLÉSTIA
disfunção orgânica, enfermidade

LABORAR
trabalhar

ROMAGEM
caminho percorrido ao longo do tempo; ato de passar o tempo

29.
Que utilidade tem a mediunidade de <u>vidência</u>?

DIVALDO A utilidade é a de desvelar os painéis do mundo espiritual, sabendo observá-los, e, melhor ainda, mantendo discrição no traduzi-los, para não a transformar num informativo de <u>leviandades</u>.

VIDÊNCIA
faculdade mediúnica de ver Espíritos e cenas do plano espiritual

LEVIANDADE
dito leviano (que julga ou procede irrefletida e precipitadamente); insensatez, irreflexão

MÉDIUM VIDENTE
médium que tem a faculdade mediúnica de ver Espíritos e cenas do plano espiritual

SESSÃO MEDIÚNICA
reunião mediúnica (atividade realizada com o propósito de intercâmbio com os Espíritos, para socorro, esclarecimento, aprendizado)

CAPITAL
de relevo; principal, fundamental

OSCILANTE
que muda de estado; variante

30.

Qual a colaboração que um médium vidente pode dar no transcurso de uma sessão mediúnica?

DIVALDO Fazendo observações, anotando pontos capitais e colaborando com o médium doutrinador, para que ele esteja informado da qualidade dos Espíritos que ali se comunicam.

31.

É sempre segura e permanente essa faculdade?

DIVALDO Como toda faculdade mediúnica, ela é transitória e oscilante, dependendo muito do estado moral do médium.

32.

Por que dois médiuns enxergam, ao mesmo tempo, quadros diferentes?

DIVALDO Porque as percepções visuais são em faixas vibratórias, que oscilam de acordo com o grau de adiantamento do Espírito do médium.

Um registra uma faixa, na qual se manifestam os Espíritos, e outro registra um tipo de faixa diversa.

Ocorre, também, que a maioria dos médiuns videntes é clarividente, e, nesse caso, a imaginação, quando indisciplinada, elabora construções e imagens que ele não sabe traduzir, perturbando-se com aquilo que capta.

> **OSCILAR**
> mudar de estado; sofrer variação

> **MÉDIUM CLARIVIDENTE**
> médium que possui a faculdade de vidência mais abrangente, profunda e clara; o médium clarividente pode observar fatos e situações que ocorrem distantes de si

33.

Podem simultaneamente dois médiuns, em se referindo à mesma entidade, fazer descrições diferentes e serem verídicas, ambas?

DIVALDO Seria o mesmo que duas pessoas de graus de cultura diversos descrevendo uma tela. Cada uma informará os detalhes que lhe chamem a atenção, com as possibilidades da sua capacidade descritiva. Mas o conjunto geral será o mesmo.

> **CULTURA**
> cabedal de conhecimentos de uma pessoa

34.

Deverá ser?

DIVALDO Deve ser.

35.

MÉDIUM CURADOR
médium que apresenta a faculdade de intermediar fluidos espirituais curadores, sua ação geralmente se dá por simples toques, pelo olhar, ou mesmo por um gesto, sem nenhuma medicação

PADECER
sofrer mal físico ou moral

Qual a finalidade de médiuns curadores?

DIVALDO A prática do bem, do auxílio aos doentes. O apóstolo Paulo já dizia: "Uns falam línguas estrangeiras, outros profetizam, outros impõem as mãos"... (*I Coríntios*, 12:1–11)

Como o espiritismo é o Consolador, a mediunidade, sendo o campo, a porta por meio da qual os Espíritos superiores semeiam e agem, a faculdade curadora é o veículo da misericórdia para atender a quem padece, despertando-o para as realidades da vida maior, a vida verdadeira. Após a recuperação da saúde, o paciente já não tem o direito de manter dúvidas nem suposições negativas ante a realidade do que experimentou.

O médium curador é o intermediário para o chamamento aos que sofrem, para que mudem a direção do pensamento e do comportamento, integrando-se na esfera do bem.

36.
É normal que médiuns dessa natureza utilizem-se de instrumental cirúrgico, de <u>indumentária</u>, que os caracterize como médicos?

DIVALDO Na minha forma de ver trata-se de ignorância do Espírito comunicante, que deve ser devidamente esclarecido, e de <u>presunção</u> do médium, que deve ter alguma frustração e realiza-se dessa forma, ou de uma exibição, ou, ainda, para gerar maior aceitação do <u>consulente</u> que, condicionado pela aparência, fica mais receptivo. Já que os Espíritos se podem utilizar dos médiuns que normalmente não os usam, não vejo por que recorrer à técnica humana quando eles a possuem superior.

INDUMENTÁRIA
o que uma pessoa veste; roupa, vestimenta

PRESUNÇÃO
convicção infundada ou exagerada de suas próprias qualidades; pretensão

CONSULENTE
aquele que consulta, que pede conselhos

37.

Quais os cuidados que se deve tomar para que o médium curador não se apresente como um <u>curandeiro</u> e não esteja enquadrado no código penal, pela prática ilegal da medicina?

CURANDEIRO
quem procura tratar
e curar doentes
sem habilitação
médica oficial

DIVALDO Primeiro, que ele estude a doutrina espírita, porque todo e qualquer médium que ignora o espiritismo é alguém que caminha em perigo.

Por que é alguém que caminha em perigo? Porque aquele que ignora os recursos que possui, que se desconhece a si mesmo, é incapaz de realizar um trabalho em profundidade e com equilíbrio. Se estuda a doutrina, fica sabendo que a faculdade de que se encontra revestido é temporária, é o acréscimo de responsabilidade, também uma provação, na qual ele será testado constantemente e deverá sempre, em cada exame, <u>lograr</u> um resultado positivo.

LOGRAR
alcançar, conseguir

Depois de se dedicar ao estudo da doutrina, deve vincular-se a um centro espírita, porque um dos fatores básicos do nosso comportamento é a solidariedade, em trabalho de equipe. Estando a trabalhar num centro espírita, ele estará menos vulnerável às agressões das pessoas frívolas, irresponsáveis, dos interesseiros; terá um programa de ação, em dias e horas <u>adrede</u> estabelecidos. Então, não ficará <u>à mercê da</u> mediunidade, em função dela, mas será um cidadão normal, que tem seus momentos de atender, trabalhando para viver com dignidade e renunciando as suas horas de descanso em favor do ministério mediúnico.

ADREDE
previamente

À MERCÊ DE
na total dependência de

Para que ele se poupe de ficar incurso no código penal, deve fazer o exercício da mediunidade sem prometer, sem anunciar curas retumbantes, porque essas não podem ser antecedidas, e a Deus pertencem, e não retire da mediunidade nenhum proveito imediato, porque o curandeirismo implica exploração da ingenuidade do povo, da superstição e da má-fé. Se ele é dotado de uma faculdade mediúnica, seja qual seja, dentro de uma vida regular e equilibrada, preservar-se-á a si mesmo. Se, eventualmente, for colhido nas artimanhas e nas malhas da lei, isso será consequência da lei divina.

Que ele saiba pagar o preço do ministério que executa, que lhe foi confiado pelo Senhor.

INCURSO
sujeito às penalidades previstas em lei

RETUMBANTE
impactante, bombástico

CURANDEIRISMO
atividade e/ou conjunto de recursos utilizados por curandeiro para sanar algum mal

38.

O endeusamento do médium constitui perigo para a mediunidade? Por quê?

RAUL Evidentemente que tudo aquilo que constitui motivo de tropeço na estrada de qualquer criatura naturalmente poderá levá-la à queda. Em se tratando de médium e de mediunidade, todo e qualquer endeusamento é plenamente dispensável, mesmo porque entendemos que o médium não fala por si próprio. O que ele apresenta de positivo, de nobre, de engrandecedor, deve-se à assistência e à misericórdia dos Espíritos do Senhor, não havendo motivo, portanto, para que se vanglorie de uma virtude, de uma grandeza que ainda não lhe pertencem.

Por outro lado, se o fenômeno ao qual ele serve de intermediário não constitui essa grandiosidade, se são fenômenos modestos, ou se houve algum equívoco ou alguma fragilidade nas colocações que alguma entidade apresentou, também não é motivo para que o médium se atormente, entristeça-se, porque terá sido apenas filtro. Necessita, sim, a partir de então, de ter o cuidado de estar cada dia mais vigilante, para que esse empobrecimento não se amplie, para que não seja coparticipante dessa deficiência e para que ele, cada vez mais, se dê conta de que a vaidade poderá ser-lhe prejudicial.

IMPROFÍCUO
que não dá proveito; vão

Por isso, qualquer endeusamento é desnecessário, é improfícuo. Isso não dispensa que os companheiros, que estejam lidando com o médium, possam incentivá-lo para que ele cresça, para que ele se desenvolva cada vez mais e melhor, para que estude, para que sirva, para que trabalhe. Assim afirmamos, porque temos visto oculta por trás desse broquel do *não endeusamento* uma parte muito considerável de um personalismo infeliz, de um despeito atormentante.

Muitas vezes diz-se que não se deve elogiar o médium, porque não haveria necessidade para tanto. Porém, não se lhe diz nenhuma palavra que o impulsione para a frente, determinando uma posição de despeito, ou de indiferença. Se não precisamos dizer à criatura que ela é um médium melhor que Chico Xavier, e todos saberão que é uma inverdade, poderemos dizer: "Prossiga, meu irmão (ou minha irmã), vá adiante..." O Chico também começou nas lutas das suas experiências iniciais, claro que estamos deixando de lado aquela continuidade de tarefas que ele fez desde reencarnações anteriores, mas, de qualquer maneira, mesmo em encarnações anteriores, ele iniciou pelo simples, pelas coisas mais modestas. Se ele se tornou um filão de grandiosa mediunidade, é porque esforçou-se, devotou-se nesse anelo da perfeição espiritual.

O endeusamento, então, será sempre dispensável, mormente para aqueles médiuns que estejam começando, mas não deveremos deixar de incentivá-los, doutrinariamente, para que não sejam desanimados pela onda terrível que agride médiuns e mediunidades, nesses dias, que lança descrédito e tenta jogar desdouro por sobre a tarefa mediúnica.

BROQUEL
escudo; proteção, defesa

DESPEITO
ressentimento produzido por desconsideração, desfeita; desgosto por decepção

FILÃO
fonte generosa, abundante

ANELO
desejo intenso; aspiração

MORMENTE
em primeiro lugar; principalmente

DESDOURO
descrédito, desonra, mácula

39.

O médium pode trocar a tarefa mediúnica por outra atividade doutrinária?

A FIO
sem interrupção; seguido

CODIFICAÇÃO
conjunto das cinco obras escritas e organizadas por Allan Kardec: *O livro dos Espíritos, O livro dos médiuns, O evangelho segundo o espiritismo, O céu e o inferno* e *A gênese*

DIRETRIZ
norma de procedimento, conduta etc.

ERRATICIDADE
estado temporário em que se encontram os Espíritos no plano espiritual, em expiações, estudos, missões, durante o intervalo entre as reencarnações; por extensão de sentido, plano espiritual ocupado por esses Espíritos

ACUMPLICIAMENTO
relação de cumplicidade ou conivência; colaboração

OCIOSIDADE
inatividade, preguiça

DIVALDO A tarefa mediúnica estará presente na vida do instrumento, onde quer que ele se localize. É óbvio que a tarefa mediúnica foi por ele eleita e não seria lícito que a abandonasse a meio do caminho, num mecanismo de fuga à responsabilidade, para a realização de outra que, certamente, não levará adiante. O indivíduo, por exercer a mediunidade, pode e deve assumir outras tarefas que dizem respeito ao labor da casa espírita, mesmo porque a mediunidade não irá tomar-lhe o tempo integral, de modo que o impeça de vivenciar o programa da doutrina espírita em outros níveis.

Neste momento, eu vejo aqui um médium desencarnado que viveu em Belo Horizonte. Era militar e chama-se Henrique Kemper Borges. Entregou-se à mediunidade, trabalhando por longos anos a fio, sem que isso lhe perturbasse o labor da vida militar, social e doutrinária abraçado, porque a "educação da mediunidade", diz ele,

"faz parte do evangelho de Jesus e, à luz da codificação espírita, é uma diretriz de equilíbrio no culto do dever que o Espírito encarnado assume, para liberar-se do passado comprometido com aqueles a quem prejudicou e que ainda se encontram na erraticidade inferior, necessitando de sua ajuda e de seu apoio. Qualquer motivo que objetive desviá-lo da tarefa abraçada é mecanismo de fuga para acumpliciamento com a ociosidade."

40.
Se o médium interrompe sua tarefa mediúnica, pode isso lhe causar danos? Por quê?

DIVALDO O êxito de qualquer atividade depende do exercício da aptidão de que se é objeto. A mediunidade, segundo Allan Kardec, "é uma certa predisposição orgânica"[5] de que as pessoas são investidas. A faculdade mediúnica é do espírito. A mediunidade é-lhe uma resposta celular do organismo. Apresenta-se como sendo uma aptidão. Se a prática não é convenientemente educada, canalizada para a finalidade a que se destina, os resultados não são naturalmente os desejados. A pessoa, não conduzindo corretamente as suas forças mediúnicas, não logra os objetivos que persegue. Abandonando a tarefa a meio termo, é natural que ela lhe traga os efeitos que são consequentes do desprezo a que está relegada. Qualquer instrumento ao abandono é vítima da ferrugem ou do desajuste. Emmanuel, através da abençoada mediunidade de Chico Xavier, afirmou com lógica: "Quanto mais trabalha a enxada, mais a lâmina se aprimora. A enxada relegada ao abandono vai carcomida pela ferrugem."

Quando educamos a mediunidade, ampliando a nossa percepção parafísica, desatrelamos faculdades que jaziam embrionárias.

Se, de um momento para outro, mudamos a direção que seria de esperar-se, é óbvio que a mediunidade não desaparece e o intercâmbio que se dá muda de condutor.

APTIDÃO
capacidade adquirida ou inata (que pertence ao ser desde o seu nascimento)

PREDISPOSIÇÃO
disposição, tendência natural para algo

INVESTIDO
empossado, posto de posse

RELEGADO
posto em segundo plano; abandonado

CARCOMIDO
corroído, desgastado, danificado

PARAFÍSICO
para além do físico

DESATRELAR
desprender, liberar

JAZER
ficar, encontrar-se

EMBRIONÁRIO
em estado de embrião; que está por se formar; iniciante

---

5. Allan Kardec, *O evangelho segundo o espiritismo*, cap. XXIV, item 12, 92.ª ed., FEB, Brasília, 1986.

O indivíduo continua médium, mas, já que ele não dirige a faculdade para as finalidades nobres, vai conduzido pelas entidades invigilantes, no rumo do desequilíbrio.

Daí dizer-se, em linguagem popular, que a mediunidade abandonada traz muitos danos àquele que dela é portador. Isso ocorre porque o indivíduo muda de mãos. Enquanto está no exercício correto de suas funções, encontra-se sob o amparo de entidades responsáveis. Na hora que inclina a mente e o comportamento para outras atividades, transfere-se de sintonia, e aqueles com os quais vai manter o contato psíquico são invariavelmente de teor vibratório inferior, produzindo-lhe danos.

Também seria o caso de perguntarmos ao pianista o que acontece com aquele que deixa de exercitar a arte a que se dedica no campo da música. Ele dirá que perde o controle motor, que as articulações perdem a flexibilidade, a concentração desaparece, e ele vai, naturalmente prejudicado por uma série de temores que o assaltam, impedindo-lhe o sucesso. A mediunidade é um compromisso para toda "a vida" e não apenas para toda a reencarnação. Porque, abandonando os despojos materiais, o médium prossegue exercitando a sua percepção parafísica em estágios mais avançados e procurando chegar às faixas superiores da vida.

REENCARNAÇÃO
decurso de tempo em que o Espírito, em seu retorno à vida corpórea, anima um corpo físico diferente daquele animado em existência anterior

DESPOJOS
tudo aquilo que sobra; restos, fragmentos

41.

Considerando os vários casos mediúnicos abordados no livro *Painéis da obsessão*, durante a recepção do livro, o irmão desdobrou-se e conviveu com o ambiente espiritual?

DIVALDO Durante o trabalho de psicografar o livro romanceado, os Espíritos permitiram-me acompanhar o que grafavam. Como são psicografias feitas em horas específicas, adrede reservadas para esse mister, registramos cenas, à medida que os Espíritos iam escrevendo, através dos clichês mentais que me projetavam. Certa vez, quando psicografava *Párias em redenção*,[6] que foi o nosso primeiro romance mediúnico ditado por Victor Hugo, observamos toda a paisagem que ele mostrava enquanto meu braço escrevia.

Para minha surpresa, notei, quando li as páginas, que havia visto muito mais do que ali estava escrito. Ocorreu-me a ideia de explicar aos confrades de nossa casa que era o mesmo que ir ao cinema acompanhado por um cego e explicar-lhe as cenas que se projetam na tela. A capacidade visual é muito maior do que a palavra ou a grafia.

DESDOBRAR
ato de realizar o fenômeno mediúnico que consiste no afastamento do Espírito enquanto seu corpo físico permanece em descanso, mantendo-se ligados por meio do cordão fluídico

PSICOGRAFAR
ato de exercer a faculdade mediúnica em que a comunicação do Espírito ocorre de forma escrita por meio da mão do médium

PSICOGRAFIA
mensagem psicografada

MISTER
atividade; ocupação

PÁRIA
pessoa mantida à margem da sociedade ou excluída do convívio social

---

6. Divaldo Franco, Espírito Victor Hugo, *Párias em redenção*, 2.ª ed., FEB, Rio de Janeiro, 1976.

INTERVENÇÃO CIRÚRGICA
cirurgia

PROCESSO OBSESSIVO
ação continuada que caracteriza a obsessão (ação mental persistente e maléfica que um indivíduo exerce sobre outro)

CENTRO VITAL
centro de força do períspirito; em outras filosofias, conhecido como chacra; identificam-se 7 centros vitais principais, cada um responsável por coordenar determinadas funções no corpo físico

IMUNOLÓGICO
relativo ao sistema imunológico (conjunto dos mecanismos que o organismo dispõe para se defender contra as infecções causadas por agentes patogênicos – vírus, bactérias, fungos e parasitas – e contra corpos estranhos)

BACILO DE KOCH
Mycobacterium tuberculosis, bactéria causadora da tuberculose humana

Assim, quando Manoel Philomeno escreveu a obra *Painéis da obsessão*,[7] eu acompanhei o que estava anotando, havendo sido levado à colônia, onde se realizavam as duas intervenções cirúrgicas na personagem central de nome Argos, que havia contraído a enfermidade física, graças a um processo obsessivo que, atuando por meio de vibrações viciosas nos centros vitais, a que se referiu Raul, terminou por matar as defesas imunológicas do organismo, dando margem a que o bacilo de Koch, que se encontrava no organismo, viesse a formar colônias em seus pulmões.

---

7. Divaldo Franco, Espírito Manoel Philomeno de Miranda, *Painéis da obsessão*, Leal, Salvador, 1983.

42.

Quanto aos variados cursos de formação de médiuns, espalhados por toda parte, são úteis, de fato, para os indivíduos?

RAUL Sempre que nos reunimos com o objetivo de estudar o espiritismo, encontramos razões para alegrias imensas.

O espiritismo é um filão notável, aclarando a nossa visão, desenvolvendo-nos o intelecto e ajustando-nos às experiências amadurecedoras.

O que nos deve chamar a atenção, a fim de que nos precatemos, é o fato de entendermos os cursos de formação de médiuns como curso formal, com graduações e notas, provas e formaturas. Isso porque o sentido do curso, se desenvolvido nessas bases, fará entender ao cursando, ou aluno, que, quando ele o concluir, estará formado. Então, terá que ser médium a qualquer custo, podendo surgir fortes predisposições à mistificação ou excitações que levem o indivíduo às bordas dos fenômenos anímicos, pela ansiedade de dar comunicações.

Os estudos espíritas devem ser descontraídos e agradáveis, permitindo trocas de experiências, facultando o crescimento geral. O estudo da mediunidade, por outro lado, não passa do estudo de uma parte do conhecimento espírita, devendo ser feito, por isso, associado aos demais temas da doutrina espírita.

FILÃO
fonte generosa, abundante

PRECATAR
acautelar, prevenir

PREDISPOSIÇÃO
inclinação, tendência para algo

MISTIFICAÇÃO
diz-se da situação em que o indivíduo finge a existência do fenômeno mediúnico

EXCITAÇÃO
estímulo, incitamento

ANSIEDADE
desejo veemente e impaciente

FACULTAR
possibilitar, permitir

43.

E sobre os cursos de formação de médiuns que distribuem carteiras e diplomas aos seus concluintes?

RAUL Embora respeitemos as intenções de qualquer pessoa, dizemos que nessas atitudes nada existe do pensamento do espiritismo, cujas propostas são de trabalho e renovação, sem atavios, sem ilusões, sem competições com os estatutos e concepções das instituições do mundo, ainda quando respeitáveis na pauta dos valores terrenos.

ATAVIO
ornamento; enfeite

ESTATUTO
regulamento ou conjunto de regras de organização e funcionamento de uma coletividade

CONCEPÇÃO
modo de ver ou sentir, ponto de vista

PAUTA
lista, relação

44.

Os fatos históricos da humanidade, notadamente os relacionados à vinda de Jesus ao orbe, em parte retratados nos *Evangelhos*, ficam arquivados no mundo espiritual, com imagens, sons e outros recursos?

ORBE
o mundo, a Terra

DIVALDO Sem a menor dúvida, registram-se nos arquivos do mundo espiritual todos os acontecimentos terrestres. Monumentais bibliotecas, videotecas e edifícios outros dedicados aos registros por tecnologia avançada mantêm a memória dos tempos com toda a riqueza dos detalhes.

As gravações a respeito de Jesus e sobre a sua trajetória terrestre encontram-se em setores especiais. Periodicamente são apresentadas aos estudiosos e residentes nas respectivas regiões onde são operadas, permanecendo de fácil acesso a todos quantos se vinculam aos labores sublimes do Mestre: estudiosos, escritores, servidores que desejam dedicar-lhe a existência...

45.

É possível a um médium detentor de faculdades específicas ter acesso a esses arquivos espirituais?

DIVALDO Quando o médium exerce as faculdades com abnegação, moralizando-se continuamente, os benfeitores espirituais conduzem-no com certa frequência a esses verdadeiros educandários, em parciais desdobramentos pelo sono, onde participa de atividades relevantes, dentre as quais visitas assistidas aos núcleos especializados na vida de Jesus.

ABNEGAÇÃO ação caracterizada pelo desprendimento e amor desinteressado ao próximo; renúncia, dedicação extrema

DESDOBRAMENTO fenômeno mediúnico que consiste no afastamento do Espírito enquanto seu corpo físico permanece em descanso, mantendo-se ligados por meio do cordão fluídico

46.

Como ocorre o fenômeno da vidência?

RAUL Tendo em vista o renascimento de cada Espírito num corpo físico que lhe favorece ou não o contato com os desencarnados, temos que examinar a ocorrência da vidência mediúnica.

Muito embora todos os seres humanos sejam portadores, em graus diferenciados, da faculdade mediúnica, há os que chegam ao planeta marcados por compromissos mais específicos nessa área, convidados ou convocados para o exercício do bem com essa ferramenta.

Para que se desenvolva essa "marca", a Divindade providencia que os indivíduos reencarnem em grupos genéticos que lhes facultem corpos habilitados para essa forma de comunicação. O sistema nervoso é fundamentalmente a raiz fisiológica em que se assenta a faculdade mediúnica, com base nas elucidações de Allan Kardec em *O livro dos médiuns*.

Em função das bagagens ancestrais de cada indivíduo e dos compromissos que o trazem à reencarnação, poderá ter mais sensível uma ou outra zona do sistema de registros neuropsíquicos. Assim, alguns têm mais apurada a sensibilidade auditiva, e serão, por isso, basicamente médiuns psicoaudientes, ou simplesmente médiuns audientes. Há os que têm maior sensibilidade em seu sistema responsável pela motricidade; poderão apresentar a mediunidade da escrita ou psicografia; se é o centro da fala o mais sensível, então teremos o médium psicofônico, tradicionalmente chamado de médium de "incorporação".

GENÉTICO
determinado por genes (diz-se de característica de um organismo)

FISIOLÓGICO
relativo às funções orgânicas dos seres vivos, especialmente aos processos físico-químicos

ELUCIDAÇÃO
esclarecimento

ANCESTRAL
relativo ou próprio dos antepassados ou antecessores

NEUROPSÍQUICO
cada uma das estruturas do sistema nervoso que participam do processo mental

MÉDIUM PSICOAUDIENTE
médium que tem a faculdade mediúnica de ouvir Espíritos

MOTRICIDADE
conjunto de funções nervosas e musculares que permite os movimentos voluntários ou automáticos do corpo

MÉDIUM PSICOFÔNICO
médium que apresenta a psicofonia (faculdade mediúnica em que o Espírito comunica-se por meio da voz do médium)

INCORPORAÇÃO
expressão historicamente utilizada para designar o ato ou o efeito decorrente da psicofonia (faculdade mediúnica em que o Espírito comunica-se por meio da voz do médium)

PSICOVIDÊNCIA
capacidade mediúnica de ver os Espíritos

PECULIARIDADE
particularidade, característica

LIDA
labuta; atividade

MÉDIUM VIDENTE
médium que tem a faculdade mediúnica de ver Espíritos e cenas do plano espiritual

Caso a sua zona de maior sensibilidade seja a da visão, com certeza se manifestará na pessoa a psicovidência ou a vidência mediúnica. Como em todos os demais campos de manifestações, haverá muitas diferenças de um médium para outro, considerando-se que cada um se acha num degrau evolutivo próprio, tendo desenvolvido experiências específicas ao longo das múltiplas reencarnações. Por isso é que os médiuns não registram a mesma coisa e, quando registram, jamais é do mesmo jeito. Cada qual apresentará peculiaridades em sua manifestação mediúnica, que estarão em consonância com todo o acervo espiritual e com as necessidades que o trouxeram ao novo corpo em nova lida terrena.

No caso da vidência, é necessário que o médium entre na sintonia vibratória das entidades que estejam em seu campo de ação – o que equivale a dizer que é preciso que o médium passe a intensificar mais e mais os impulsos dados aos próprios pensamentos, a fim de que faça registros cada vez mais grandiosos.

Quando são Espíritos do nível evolutivo do médium ou de nível inferior, é fácil serem captados pela vidência, sem maiores obstáculos. Muitas vezes com um pouco de concentração, em outras vezes mesmo sem estar concentrado, objetivando tal captação, é possível ao vidente alcançar a frequência desses desencarnados.

Porém, caso sejam os desencarnados de hierarquia mais alta que o médium, quando sejam entidades benfeitoras, os médiuns somente os alcançam pela vidência quando eles o permitem, quando envolvem os sensitivos em seus fluidos e dilatam-lhes a capacidade perceptiva até onde os valores gerais do referido médium conseguem avançar.

O modo de vida, os gostos artísticos e musicais, os atrativos literários, as ansiedades, o tipo de caráter ou o temperamento, o modo como se vê a vida, enfim, são fatores muito significativos às manifestações da mediunidade nas pessoas, e na vidência, particularmente, não é diferente. Quanto mais o psiquismo do encarnado alimenta-se de energias perturbadoras, por causa dos tipos de prazeres e de buscas íntimas, não será tão suave o campo de suas percepções visuais.

Se, apesar das lutas e dificuldades da vida terrena, o médium procura dar conta dos seus deveres com retidão, expressa nos cuidados com o que pensa, deseja e realiza as suas atividades no mundo, mesmo enxergando quadros mais amargos do mundo invisível, também é passível de fazer ponte psíquica com as regiões luminosas e registrar entidades benfeitoras e mesmo sublimadas.

É o exercício de uma vivência disciplinada, em todos os sentidos, que vai permitindo ao vidente conhecer o mundo espiritual mais intimamente, alcançando regiões de sofrimento, a fim de aprender a socorrer os que ali se aturdem, e visualizando as zonas bem-aventuradas, de onde recolhe os fluidos benfazejos que o encorajarão no prosseguimento da luta, no rumo da vitória.

CARÁTER
conjunto de características determinantes psicológicas e/ou morais

MEDIUNIDADE
faculdade natural do ser humano, que propicia o intercâmbio entre os planos espiritual e material

PSIQUISMO
conjunto das características psíquicas de um indivíduo

47.

MÉDIUM
indivíduo que atua como intermediário entre os planos espiritual e material

SUSCETÍVEL
que envolve possibilidade de certa coisa ou de certa qualidade

OBSESSÃO
ação mental persistente e maléfica que um indivíduo exerce sobre outro

PREDISPOSTO
propenso, preparado

O médium, pela sua faculdade, estaria mais suscetível às obsessões?

RAUL Toda criatura humana é suscetível às influências espirituais, em graus variados, em razão de que todos somos mais ou menos médiuns, conforme se refere Allan Kardec em *O livro dos médiuns.* No entanto, os médiuns propriamente ditos, os que dispõem de canais psíquicos mais ampliados para os registros do além, certamente ficam mais predispostos à ação dos Espíritos enfermos ou perturbadores, quando não conseguem ou não se interessam por imprimir boa orientação moral a sua faculdade.

"O melhor médium para o mundo espiritual não é o que seja portador de múltiplas faculdades, mas é aquele que esteja sempre disposto a aprender e sempre pronto a servir.

— RAUL TEIXEIRA

GRUPO MEDIÚNICO

3

48. conceito de grupo mediúnico
   » número e tipos de participantes

49. objetivo de uma sessão mediúnica
   » ajuda recíproca
   » prontidão dos médiuns
   » conduta mental do médium para a sintonia durante a reunião
   » após a reunião, o médium prossegue na tarefa no mundo espiritual
   » importância da avaliação

50. conduta dos médiuns e dos membros do grupo antes e depois da reunião
   » tempo de duração do exercício mediúnico

51. preparo íntimo constante
   » hábitos mentais e comportamentos morais
   » ação dos Espíritos perturbadores
   » vigilância e oração

52. prece e leitura antes do início da reunião e ritualismo
   » criando um hábito

53. exigência da manifestação dos mentores espirituais no início dos trabalhos
   » inverter a ordem
   » mentores comunicam-se espontaneamente
   » condicionamentos prejudiciais

54. abertura dos trabalhos mediúnicos sempre com determinadas fórmulas verbais
   » manter a pureza doutrinária

55. ausência de manifestações mediúnicas na reunião
   » queda do padrão vibratório
   » importância da sintonia psíquica entre participantes

56. consequências da queda do padrão vibratório
   » fluidos são retirados em outras circunstâncias

57. encerramento da reunião caso não ocorram comunicações
   » responsabilidade e disciplina dos membros

58. procedimento do dirigente da reunião para alcançar os objetivos superiores do trabalho
   » importância do estudo
   » identificação de fenômenos anímicos e mediúnicos

59. função da mesa mediúnica em uma reunião
   » necessidade do fluido magnético animal

60. reuniões mediúnicas públicas
   » gravidade das reuniões mediúnicas
   » êxito da reunião depende da equipe
   » privacidade da reunião

TEMÁRIO 3

61. influência mental do grupo sobre o médium em transe
    » a reunião é um ser coletivo

62. grupos que se fecham em torno deles mesmos
    » consequências do isolamento

63. encaminhar pessoa com problemas mediúnicos para uma reunião mediúnica
    » os problemas são do Espírito
    » encaminhar para reuniões doutrinárias
    » chamamento para mudança moral

64. frequência do médium às reuniões e seus problemas morais
    » caridade em favor dos desencarnados e dos encarnados

65. reuniões domiciliares ou em recintos estranhos aos centros espíritas
    » evangelho no lar com manifestações mediúnicas
    » benfeitores espirituais programam os trabalhos
    » perigo para os médiuns

66. sessões mediúnicas fora do centro espírita
    » defesas necessárias aos trabalhos mediúnicos
    » local ideal para as sessões mediúnicas

67. recursos para a identificação da natureza dos Espíritos
    » qualidade das comunicações
    » médium e mensagem

68. idade para o jovem espírita participar de trabalhos mediúnicos
    » maturidade espiritual

69. jovem espírita
    » teoria e prática

70. médiuns psicofônicos que recebem Espíritos em sequência durante a sessão
    » importância do teor das comunicações e não do número destas
    » falta de disciplina
    » número de manifestações por cada médium

71. causas do sono nas reuniões mediúnicas
    » sono provocado por Espíritos hipnotizadores
    » recurso para evitar o sono
    » terrível adversário de nosso crescimento espiritual

72. participação de jovens nos grupos mediúnicos
    » Allan Kardec e jovens médiuns da codificação
    » jovens sérios e responsáveis

48.

Que é um grupo mediúnico e qual o número adequado de pessoas que deve constituí-lo?

DIVALDO Entendemos por grupo mediúnico a associação de pessoas que têm conhecimento da doutrina espírita e que pretendem dedicar-se ao estudo da fenomenologia media-nímica e, simultaneamente, praticar a excelente lição do próprio espiritismo, que é a caridade.

O número de pessoas oscila de acordo com as possibilidades dos que dirigem o grupo. Ideal é que este seja constituído de elementos, como diz Allan Kardec,[8] simpáticos entre si, que persigam objetivos superiores, que desejem instruir-se e que estejam dispostos ao ministério do serviço contínuo; entretanto, merece considerar que todo grupo de experiências mediúnicas fundamentado num número excessivo de membros está relativamente fadado ao fracasso. Os Espíritos prescrevem um número em torno de 15, no máximo 20, ou não inferior a 6, para que haja a equipe dos que funcionarão na mediunidade, propriamente chamada, bem como a equipe dos que atenderão no socorro dos passes e através da mediunidade de doutrinação, e, ao mesmo tempo, o grupo dos que poderão atender como assessores para qualquer outra cooperação necessária.

MEDIANÍMICO
mediúnico

OSCILAR
sofrer variação

MINISTÉRIO
execução de uma tarefa, de uma obra; atividade, trabalho

FADADO
predestinado

MEDIUNIDADE
faculdade natural do ser humano, que propicia o intercâmbio entre os planos espiritual e material

PASSE
transfusão de energias psíquicas benéficas realizada geralmente por meio da imposição de mãos sobre alguém

DOUTRINAÇÃO
ato do diálogo com os Espíritos comunicantes na reunião mediúnica com o objetivo de os consolar, esclarecer, socorrer, encaminhar

---

8. Allan Kardec, *O livro dos médiuns*, cap. XXIX, item 331, 53.ª ed., FEB, Brasília, 1986.

49.

Qual o objetivo de uma sessão mediúnica?

DIVALDO É acima de tudo uma oportunidade de o indivíduo autorreformar-se; de fazer silêncio para escutar as lições dos Espíritos que nos vêm, depois da morte, chorando e sofrendo, sendo esse um meio de evitar que caiamos em seus erros. É também esquecer a ilusão de que nós estejamos ajudando os Espíritos, uma vez que eles podem passar sem nós. No mundo dos Espíritos, as entidades superiores promovem trabalhos de esclarecimento e de socorro em seu favor; nós, entretanto, necessitamos deles, mesmo dos sofredores, porque são a lição de advertência em nosso caminho, convidando-nos ao equilíbrio e à serenidade. Assim, vemos que a ajuda é recíproca.

O médium é alguém que se situa entre os dois hemisférios da vida. O membro de um labor de socorro medianímico é alguém que deve estar sempre às ordens dos Espíritos superiores para os misteres elevados.

À hora da reunião deve-se manter, além das atitudes sociais do equilíbrio, a serenidade, um estado de paz interior compatível com as necessidades do processo de sintonia, sem o que quaisquer tentames nesse campo redundarão inócuos, se não negativos.

SESSÃO MEDIÚNICA
reunião mediúnica (atividade realizada com o propósito de intercâmbio com os Espíritos, para socorro, esclarecimento, aprendizado)

RECÍPROCO
que se estabelece, de igual modo, entre duas pessoas

HEMISFÉRIO
cada uma das metades

LABOR
trabalho, atividade

MISTER
atividade; ocupação

TENTAME
tentativa, ensaio

REDUNDAR
ter como resultado; reverter em

INÓCUO
sem efeito; improdutivo

INCORPORAÇÃO
expressão historicamente utilizada para designar o ato ou o efeito decorrente da psicofonia (faculdade mediúnica em que o Espírito comunica-se por meio da voz do médium)

PSICOGRAFIA
faculdade mediúnica em que a comunicação do Espírito ocorre de forma escrita por meio da mão do médium

LIDE
atividade

ENCARNADO
Espírito ligado ao corpo físico vivendo a vida corpórea

PSICOSFERA
ambiente psíquico

COTEJO
ato, processo ou efeito de cotejar (analisar; comparar)

COMUNICAÇÃO
ato de transmitir a mensagem do Espírito

SALUTAR
edificante, construtivo

Depois da reunião é necessário manter-se o mesmo ambiente agradável, porque, à hora em que cessam os labores da "incorporação", ou da psicografia, o fenômeno objetivo externo, em si, não cessam os trabalhos mediúnicos no mundo espiritual. Quando um paciente sai da sala cirúrgica, o pós-operatório é tão importante quanto a própria cirurgia. Por isso, o paciente fica carinhosamente assistido por enfermeiros vigilantes que estão a postos para atendê-lo em qualquer necessidade que venha a ocorrer.

Quando termina a lide mediúnica, ali vai encerrada momentaneamente a tarefa dos encarnados, a fim de recomeçá-la, logo mais, no instante em que o médium penetre a esfera do sono, para prosseguir sob outro aspecto ajudando os que ficaram de ser atendidos e não puderam, por uma ou outra razão. Então, convém que, ao terminar a reunião mediúnica, seja mantida a psicosfera agradável em que as conversas sejam edificantes. Pode-se e deve-se fazer uma análise do trabalho realizado, um estudo, um cotejo no campo das comunicações e depois uma verificação da produtividade; tudo isso em clima salutar de fraternidade objetivando dirimir futuras inquietações e problemas outros.

50.

Como se devem portar os <u>médiuns</u> e os demais membros de um grupo, antes e depois do trabalho mediúnico?

DIVALDO Como verdadeiros cristãos.

Devem manter a <u>probidade</u>, o respeito a si mesmos e ao seu próximo; ter uma vida, quanto possível, sadia, sabendo que o exercício mediúnico não deve ser <u>emparedado</u> nas dimensões de apenas uma hora de relógio, reservada a tal mister.

MÉDIUM
indivíduo que atua como intermediário entre os planos espiritual e material

PROBIDADE
integridade, honestidade, retidão

EMPAREDADO
limitado, restrito

51.
Os participantes de uma sessão mediúnica devem fazer algum tipo de preparo íntimo durante o dia, antes mesmo do início da reunião?

DIVALDO O espírita deve fazer um preparo normal, porque é um dever que lhe compete, uma vez que nunca sabe a hora em que será convocado ao retorno à consciência livre.

O espírita que frequenta o labor mediúnico, além de espírita, é peça importante no mecanismo de ação dos Espíritos na direção da Terra. Ele deve fazer uma preparação, não somente nos dias da reunião, mas sempre, porque tal preparação seria insuficiente e ineficaz apenas por alterar sua atitude momentânea, já que ninguém muda de hábitos desse modo.

Nos trabalhos mediúnicos são exigíveis hábitos mentais de comportamento moral enobrecido, e esses não podem ser improvisados. Então, os membros de uma sessão mediúnica são pessoas que devem estar normalmente vigilantes todos os dias e, especialmente, nos reservados ao labor, para que se poupem às incursões dos Espíritos levianos e adversários do bem que, nesse dia, tentarão prejudicar a colaboração e perturbar-lhes o estado interior, levando distúrbios ao trabalho geral, que é o que eles objetivam destruir. Então, nesse dia, a vigilância deve ser maior: orar, ler uma página salutar, meditar nela, reflexionar, evitar atitudes da chamada reação e cultivar as da ação, pensar antes de agir, espairecer e, se eventualmente for colhido pela tempestade da ira, pela tentação do revide, que às vezes nos chega, manter a atitude recomendada pelo evangelho de Jesus.

INCURSÃO
investida, invasão

LEVIANO
que julga ou procede irrefletida e precipitadamente; insensato

DISTÚRBIO
perturbação, agitação, confusão

ESPAIRECER
desviar(-se) de preocupações

52.

Uma sessão mediúnica espírita deve ser sempre iniciada com uma prece, e logo passar-se à leitura de _O evangelho segundo o espiritismo_? Agindo sempre assim, não se criará um ritualismo?

DIVALDO Pode-se estar criando um hábito, não um ritual, porque aí não chega a ser um dever inadiável. Nós, por nossa vez, fazemos ao revés. Lemos uma boa página de esclarecimento, comentamos e fazemos a prece posteriormente, depois do que a reunião tem início.

> **RITUALISMO**
> conjunto de ritos (cerimônias que usualmente se praticam numa religião, numa seita etc.)

> **RITUAL**
> conjunto de atos e práticas próprias de uma cerimônia ritualística

> **AO REVÉS**
> ao contrário

53.

Alguns grupos mediúnicos exigem a manifestação dos mentores espirituais para declararem iniciados os trabalhos. É isso necessário?

DIVALDO Exigir a manifestação do mentor é inverter a ordem do trabalho. Quem somos nós para exigir alguma coisa dos mentores? Quando o trabalho está realmente dirigido, são os mentores que, espontaneamente, quando convém, se apressam em dar instruções iniciais, objetivando maior aproveitamento da própria experiência mediúnica.

Ocorre que, se condicionar o início do trabalho a "incorporações" dos chamados Espíritos-guia, criar-se-á um estado de animismo nos médiuns que, enquanto não ouçam as "palavras sacramentais", não se sentirão inclinados a uma boa receptividade. Isso é criação nossa, não é da doutrina espírita.

> **MENTOR**
> Espírito que dirige uma atividade e/ou guia determinado indivíduo ou grupo

> **ANIMISMO**
> manifestação da própria alma do indivíduo

> **SACRAMENTAL**
> pronunciado na consagração ou administração de um sacramento (ato ou sinal sagrado pelo qual se recebe uma graça divina)

54.
Há necessidade de se abrir um trabalho mediúnico usando expressões como: aberto com a chave de paz e amor, aberto com a proteção da corrente do Himalaia ou outras do gênero?

DIVALDO Pessoalmente, não utilizamos nenhuma fórmula, porque, na doutrina espírita, não existem chavões, rituais, palavras cabalísticas.

Normalmente dizemos que os trabalhos estão iniciados como sendo uma advertência para as pessoas saberem que já estamos em condições de entrar em sintonia. Penso mesmo que seja desnecessário dizer que a sessão está aberta ou iniciada. Feita a prece, evocada a proteção divina, automaticamente está iniciado o labor. Desse modo, acrescentar quaisquer palavras que façam relembrar mantras, condicionamentos, é conspirar contra a pureza doutrinária criando certas manifestações circunstanciais, que somente cultivam a ignorância e a superstição.

HIMALAIA
mais alta cadeia montanhosa do mundo, abrange cinco países (Índia, China, Butão, Nepal e Paquistão) e contém a montanha mais alta do planeta, o Everest; o nome Himalaia vem do sânscrito e significa "morada da neve"

CABALÍSTICO
que é ou tem significado oculto, secreto ou misterioso; enigmático, incompreensível

EVOCADO
chamado em auxílio

MANTRA
na cultura indiana, sílaba, palavra ou verso pronunciados segundo prescrições ritualísticas e musicais, tendo em vista uma finalidade mágica ou o estabelecimento de um estado contemplativo

55.

Por que acontece às vezes, nas sessões mediúnicas, não haver nenhuma manifestação? Que determina ou impede as manifestações?

DIVALDO O baixo padrão vibratório reinante no ambiente. A sintonia psíquica dos membros da reunião responde pelos seus resultados.

56.

E a justificativa que às vezes é dada de que, durante esses trabalhos, a movimentação dos Espíritos utiliza os fluidos dos encarnados presentes para a realização de tarefas somente no campo espiritual?

DIVALDO Para que eles realizem as tarefas no campo espiritual, não necessitam da nossa presença. Retiram os fluidos em outras circunstâncias.

FLUIDO
elemento bastante sutil, quintess-senciado, impon-derável, existente em a natureza

É que quando ocorre a queda do "padrão vibratório", e como os Espíritos são trabalhadores, eles aproveitam o tempo da nossa ociosidade para produzir.

OCIOSIDADE
inatividade

Então, diante de um possível dano que poderia ser grave, eles diminuem as consequências, realizando trabalhos espirituais, conquanto os homens não sintonizemos com eles.

57.
Seria justo, assim, se encerrasse a reunião depois de alguns minutos, desde que não se obtenha comunicação nenhuma?

DIVALDO Não, porque essa é uma forma de disciplinar os membros da sessão a ter responsabilidade e preparar-se para o trabalho, que assumem espontaneamente.

58.

Como deve proceder o dirigente das sessões mediúnicas para alcançar os objetivos superiores do trabalho?

RAUL A fim de atingir a meta proposta pelos dirigentes espirituais das sessões, será de bom alvitre que o dirigente encarnado atenda a tarefa com a máxima seriedade, considerando-a como o seu encontro mais íntimo com a espiritualidade.

Na condição de condutor encarnado do cometimento mediúnico, deverá preparar-se para filtrar as inspirações do invisível superior, por meio das indispensáveis disciplinas do caráter, de uma vida enobrecida pelo cumprimento do dever, pela renúncia aos vícios de todos os tipos, que enodoam tanto seu psiquismo quanto seu organismo físico.

Será de grande valia para o dirigente quanto para aqueles que se candidatam a tal direção de trabalhos mediúnicos, o gosto por estudar as obras literárias do espiritismo, assim como o hábito das meditações em redor do que haja lido, facilitando a identificação das diversas ocorrências que poderão se dar nas sessões, como permitindo interferências indispensáveis nessas ocasiões, com conhecimento de causa.

O fenômeno do animismo quanto o das mistificações, somente à custa de muita reflexão em torno de muito estudo, e amadurecimento, com o consequente conhecimento do ser humano, poderão ser identificados satisfatoriamente.

DE BOM ALVITRE
aconselhado, prudente, sensato

COMETIMENTO
empreendimento

CARÁTER
conjunto de características determinantes psicológicas e/ou morais

ENODOAR
encher de máculas; manchar

PSIQUISMO
conjunto das características psíquicas de um indivíduo

MISTIFICAÇÃO
diz-se da situação em que o indivíduo finge a existência do fenômeno mediúnico; também se refere à comunicação do Espírito impostor que se apresenta falsamente como uma personalidade nobre para transmitir informações absurdas

59.
Qual a função da "mesa mediúnica" em uma reunião?

RAUL Entendemos que o agrupamento de companheiros de uma reunião mediúnica destina-se a fomentar maior vinculação entre as mentes.

Disse Nosso Senhor Jesus Cristo que onde estivessem duas ou mais criaturas trabalhando em seu nome, entre elas ou com elas estaria. A mesa, dita "mesa mediúnica", permite maior envolvimento dos encarnados, médiuns, com os benfeitores da vida mais ampla, que terão uma vibração mental de boa qualidade, quando os médiuns estão sintonizados na atividade do bem, para que eles possam dela se utilizar.

As entidades que se comunicam em estado de necessidade carecem do chamado fluido animal, ou fluido magnético animal, como afirma Allan Kardec em *O livro dos médiuns*,[9] e essa sintonia faz com que se aprimore a assistência, facilita o serviço do bem na mediunidade, e é essa a oportunidade que os céus concederam a nós outros, os homens da Terra, para que, ao mesmo tempo em que estejamos crescendo, cooperemos também para o crescimento dos outros, enxugando as nossas lágrimas com o mesmo lenço que enxugamos as lágrimas alheias. Então, a chamada *mesa mediúnica*, ou mais propriamente grupo mediúnico, destina-se a fomentar a formação de um campo vibratório.

A reunião mediúnica é uma reunião energética por excelência, em que as energias dos dois campos, encarnado e desencarnado, fundem-se para que se elevem as criaturas da Terra na conquista da felicidade interior.

REUNIÃO MEDIÚNICA
atividade realizada com o propósito de intercâmbio com os Espíritos, para socorro, esclarecimento, aprendizado

FOMENTAR
estimular, promover, desenvolver

ENTIDADE
ser, Espírito

ENCARNADO
plano físico em que vivem os Espíritos ligados ao corpo físico

DESENCARNADO
plano espiritual em que vivem os Espíritos libertos do corpo físico em decorrência da morte biológica

---

9. Allan Kardec, *O livro dos médiuns*, cap. IV, item 74 (V e XIV), 53.ª ed., FEB, Brasília, 1986.

60.

As reuniões mediúnicas devem ser públicas? Por quê?

DIVALDO O Codificador recomenda pequenos grupos, graças às dificuldades que há nos grandes grupos de sintonia vibratória e harmonia de pensamentos.

Uma reunião mediúnica de caráter público é um risco desnecessário, porque vêm pessoas portadoras de sentimentos os mais diversos, que irão perturbar, invariavelmente, a operação da mediunidade. Afirmam os benfeitores que uma reunião mediúnica é um grave labor, que se desenvolve no campo perispirítico, e se a equipe não tem um conhecimento especializado, é compreensível que muitos problemas sucedam por negligência desta. A reunião mediúnica não deve ser de caráter público, porque teria feição especulativa, exibicionista, destituída de finalidade superior, atitudes tais que vão de encontro negativamente aos postulados morais da doutrina.

Mesmo nas reuniões mediúnicas privativas deve-se manter um número ideal de membros, não excedente a 20 pessoas, para que se evitem essas perturbações naturais nos grupamentos massivos.

Onde haja um grupo mediúnico com grande número, que seja dividido em dois trabalhos separados (porque, em movimento espírita, na ordem do bem, dividir é multiplicar o benefício daqueles que se repartem). Igualmente é necessário que as pessoas sejam afins entre si no grupo. Por motivos óbvios, se estamos numa reunião mediúnica e não somos

---

CODIFICADOR
denominação dada a Allan Kardec por ter codificado (reunido numa só obra textos, documentos etc.) o ensino dos Espíritos, dando origem à doutrina espírita

CARÁTER
qualidade peculiar; especificidade, cunho

PERISPIRÍTICO
próprio do perispírito (corpo espiritual; envoltório semimaterial do Espírito)

NEGLIGÊNCIA
falta de cuidado; desleixo

FEIÇÃO
aspecto, feitio

ESPECULATIVO
relativo à especulação (suposição sem base em fatos concretos; hipótese sem garantia de realização)

DESTITUÍDO
despojado, privado

MASSIVO
em grande quantidade

RECALQUE
mecanismo psicológico de defesa pelo qual desejos, sentimentos, lembranças que repugnam ao indivíduo são excluídos do domínio da consciência e conservados no inconsciente, continuando, assim, a fazer parte da atividade psíquica do indivíduo e a produzir nela certos distúrbios de maior ou menor gravidade

CARAPUÇA
referência vaga, de maneira indireta, frequentemente crítica ou desleal

TRANSE
estado alterado de consciência em que podem ocorrer diversos eventos neurofisiológicos e psíquicos; nessa condição, o indivíduo pode sintonizar-se com algo transcendente

DESENCARNADO
Espírito liberto do corpo físico em decorrência da morte biológica

ENCARNADO
Espírito ligado ao corpo físico vivendo a vida corpórea

simpáticos a um indivíduo, toda a comunicação que por ele venha, os nossos recalques e conflitos põem-nos carapuças, acreditando serem indiretas a nós dirigidas.

Se, por acaso, alguém não nos é simpático, quando ele entra em transe ficamos bombardeando: "Imagine o fingido; vê se eu vou acreditar nele!" Formamos assim, uma antena emissora de dificuldades para o companheiro agredido por nossa mente, porque, desde que o indivíduo é médium, ele não o é exclusivamente dos Espíritos desencarnados mas também dos encarnados.

O êxito de uma reunião mediúnica depende da equipe que ali comparece e não apenas do médium.

Os mentores programam, mas aquela equipe em funcionamento responderá pelos resultados.

Nunca é demais recomendar que as sessões mediúnicas sejam de caráter privado.

61.

Recebe o médium, em transe, a influência mental do grupo de que participa?

RAUL Aprendemos em *O livro dos médiuns*,[10] com Allan Kardec, que a reunião é um ser coletivo.

Todos aqueles que dela participam com qualquer função que seja, estão automaticamente vinculados às suas ocorrências de maneira que, muitas vezes, o grupo não estando bem sintonizado e realizando um trabalho de alta envergadura, os médiuns que são filtros dos Espíritos encarnados e desencarnados estarão filtrando, encharcando-se daquelas nuanças vibratórias que o ambiente lhes permite fruir. Dessa maneira é que se justifica a desnecessidade de reuniões mediúnicas com público que não esteja sintonizado com a realidade do estudo doutrinário, porque os médiuns ficam à mercê desses influxos de dardos mentais de indiferença, de descrença e de petitórios e, muitas vezes, a mensagem que eles veiculam sairá com o sabor dessas insinuações, desses desejos e perturbações.

O grupo participa, também, das comunicações com esse suporte energético apoiando ou desequilibrando o médium, porque a reunião é um corpo coletivo.

ENVERGADURA
importância, valor, magnitude

NUANÇA
diferença sutil entre coisas, mais ou menos similares, postas em contraste; matiz, sutileza

FRUIR
desfrutar, gozar

À MERCÊ DE
sujeito a

INFLUXO
corrente

PETITÓRIO
pedido

INSINUAÇÃO
maneira de se dar a entender alguma coisa sem expressá-la claramente

---

10. Allan Kardec, *O livro dos médiuns*, cap. XXIX, itens 324 e 331, 53.ª ed., FEB, Brasília, 1986.

62.

E aqueles grupos que se fecham em torno deles mesmos e seus membros não frequentam palestras, reuniões doutrinárias e se dedicam tão somente ao fenômeno em si, ao intercâmbio mediúnico? Procedem corretamente?

DIVALDO O mandamento é este: "que vos ameis uns aos outros como eu vos amei e que façais ao próximo quanto desejardes que o próximo vos faça", equivalente a dizer que todo aquele que se isola perde a oportunidade de evoluir, porque todo enquistamento degenera em enfermidade.

ENQUISTAMENTO
encistamento
(ato de fechar-
-se, isolar-se)

DEGENERAR
mudar para pior;
transformar-
-se, piorando

63.

Uma pessoa com problemas mediúnicos deve ser encaminhada, sem risco, para uma reunião mediúnica?

DIVALDO A pergunta já demonstra que a pessoa, tendo problemas, deve primeiro equacioná-los, para depois estudar e aprimorar a faculdade que gera aqueles problemas. Como na mediunidade os problemas são do espírito e não da faculdade mediúnica, é necessário que primeiro se moralize o médium.

Abandonando as paixões, mudando a direção mental, criando hábitos salutares para sua vivência, reflexionando no evangelho de Jesus, aprendendo a orar, ele equaciona, na base, os problemas que inquietam o efeito, que é a faculdade mediúnica. Somente após o que será lícito educar a mediunidade.

No capítulo I de *O livro dos médiuns* o Codificador examina o assunto na epígrafe: "Há Espíritos?" Explica Allan Kardec que ninguém deve levar a uma sala de química por exemplo, alguém que não entenda das fórmulas e das composições químicas. Explico-me: um leigo chega a uma sala e vê vários vidros, alguns com um líquido e uma anotação que lhe parece cabalística: $HNO_3 + 3HCl$.[11] Para ele a anotação não diz nada. Mas, se misturar aqueles líquidos, correrá perigo. Assim, também será necessário primeiro que o indivíduo conheça no *laboratório do mundo invisível* as soluções que vai manipular, para depois partir para as experiências.

EQUACIONAR
dispor (dados de um problema, uma questão) para encaminhar, para conduzir a solução; solucionar

SALUTAR
saudável, edificante, construtivo

LÍCITO
justo ou permitido

EPÍGRAFE
título ou frase que, colocada no início de um livro, um capítulo, um poema etc., serve de tema ao assunto

MANIPULAR
manusear, utilizar

---

11. Água régia, substância altamente corrosiva.

PRAXE
aquilo que habitual-
mente se faz; costu-
me, prática, rotina

CODIFICAÇÃO
conjunto das cinco
obras escritas e
organizadas por
Allan Kardec: *O
livro dos Espíritos, O
livro dos médiuns, O
evangelho segundo o
espiritismo, O céu e
o inferno e A gênese*

INDUZIR
causar, inci-
tar, provocar

SALA MEDIÚNICA
local em que
ocorre a ativida-
de mediúnica

ATURDIR
perturbar a mente
ou os sentidos, difi-
cultar o raciocínio

PERNICIOSO
que faz mal; nocivo

TERAPÊUTICA
terapia (método
apropriado para
tratar determi-
nado distúrbio)

GRANJEAR
conquistar, atrair

É de bom alvitre, portanto, que alguém que tenha problemas de mediunidade seja encaminhado às sessões doutrinárias de estudo, para primeiro evangelizar-se, conhecendo
a doutrina a fim de que, mais tarde, canalize as suas forças
mediúnicas para um bom direcionamento.

Há uma praxe entre as pessoas pouco esclarecidas a respeito da codificação espírita, que induz para levar-se o indivíduo a uma "sala mediúnica" para poder equacionar problemas,
como quem tira uma coisa incômoda de cima da pessoa.

O problema de que a criatura se vê objeto pode ser o chamamento para mudança de rota moral. A mediunidade que
aturde é um apelo para retificação das falhas. E é necessário
ir-se às bases para modificar aqueles efeitos perniciosos.

Daí, diante de uma pessoa com problemas mediúnicos,
a primeira atitude nossa será encaminhar o necessitado à
aprendizagem da doutrina espírita, que é a terapêutica para
seus problemas. A mediunidade será educada posteriormente
como instrumento de exercício para o bem, mediante o qual a
pessoa granjeará títulos para curar o mal de que é portadora.

64.

Basta ao médium frequentar as reuniões para resolver seus problemas?

RAUL A questão de resolver problema torna-se relativa. Os "problemas" que o médium resolve no trabalho dedicado à doutrina espírita são de ordem moral, porque ele passa a entender por que sofre, passa a compreender por que enfrenta dificuldades na família, na saúde, mas isso não quer dizer que a mediunidade seria o suporte, o apoio para que ele pudesse vencer, vitoriar a etapa de lutas. Aí percebemos que, se estivermos pensando nesses tipos de problemas físicos, a mediunidade não vai conseguir alijá-los do médium. Mas, não somente aí vamos achar a necessidade do médium, pois deverá ser levado ao trabalho de assistência aos que precisam, à renovação através dos estudos continuados, à participação efetiva, ao ato da caridade, que, conforme nos diz um Espírito benfeitor, terá que iniciar-se pelo dever, tornando-se um hábito até que isso se lhe penetre na alma em nome do amor, para que se torne um médium sério, sensível, e não um médium que apenas frequenta a reunião, recebe seu "guia", seu "espiritozinho" e depois volta para casa, sem ligar para o sofrimento da humanidade (não é da humanidade do Vietnã, do Camboja etc.), a humanidade da sua rua, do seu bairro, dessa gente que sofre e que geme à volta de todos nós.

ALIJAR
livrar; afastar

VIETNÃ
país asiático

CAMBOJA
país asiático

ANSIOSO
muito desejo-
so de; ávido

MATERIALIZAR
ato de exercer a fa-
culdade mediúnica
de materialização

Vemos tantos médiuns preocupados em ouvir o gemido dos Espíritos desencarnados e não ouvem os gemidos dos encarnados. Temos outros ansiosos por ver Espíritos, sem notar os que sofrem a sua volta; vários desejosos de materializar entidades, sem a preocupação de espiritualizar-se. Então, para o médium será importante que ele se ajuste à dinâmica da doutrina espírita, no trabalho da caridade, no esforço da renovação dele e daqueles que o cercam.

65.

Seria desaconselhável o desempenho mediúnico isolado bem como em reuniões domiciliares ou recintos estranhos aos centros ou locais similares?

DIVALDO É desaconselhável esse comportamento como hábito, o que não impede que, excepcionalmente, ocorra o fenômeno com a anuência do médium sob a inspiração dos bons Espíritos.

Não chegaremos ao absurdo de supor que, no lar, periodicamente, não venham os benfeitores espirituais para o diálogo de emergência, para uma palavra fraternal, para um encontro de estímulo entre aqueles que se reúnem para orar.

É desaconselhável que se transforme o estudo espírita e evangélico realizado em família em reunião mediúnica, porque, como o nome diz, trata-se de uma oportunidade para estudar e meditar e não para o exercício da mediunidade. Mas, vez que outra, dependendo dos instrutores espirituais, pode ocorrer comunicação de entidade benfeitora para trazer um conteúdo que pareça de relevância a esse benfeitor. Não se permitindo, entretanto, que tal se transforme num hábito.

É desaconselhável que, em lugares não preparados para o mister mediúnico, venha a ocorrer fenômeno com anuência do sensitivo. Perguntar-se-á: por quê? Respondemos: pelos danos que poderão advir. Se o meio for hostil, leviano e de recursos psíquicos negativos, poderão ocorrer mistificações, distonias, aberturas vibratórias para Espíritos que não

> **ANUÊNCIA**
> aprovação, consentimento

> **RELEVÂNCIA**
> aquilo que se destaca em escala comparativa ou de valores; importância

> **SENSITIVO**
> médium ostensivo

> **ADVIR**
> surgir como consequência de; provir, resultar

> **HOSTIL**
> ameaçador, contrário, desfavorável

> **DISTONIA**
> distúrbio

tenham propósitos superiores. Seria o mesmo que requisitar determinada cirurgia num consultório médico onde não haja requisitos de assepsia, instrumental etc.

Portanto, a casa espírita é o lugar ideal, porque ali os benfeitores instalam equipamentos de socorro de emergência; estão entidades zelosas que se postam para defender o recinto; encontram-se trabalhadores especializados que vêm para o ministério adrede programado. Porque se na Terra, que é o mundo dos efeitos, são tomados cuidados antes das realizações, é compreensível que no mundo espiritual as realizações mereçam tratamento muito especializado no que tange ao progresso da criatura e da humanidade.

Os benfeitores programam as tarefas mediúnicas para aqueles que se vão comunicar para que tudo ocorra em clima de ordem e de paz. O médium que se submete a fenômenos de ocasião está sujeito a graves perigos, porque seria o mesmo que colocar instrumentos de alta sensibilidade nas mãos de pessoas inescrupulosas ou desconhecedoras de seu mecanismo. Concluindo, é desaconselhável.

ASSEPSIA
conjunto de meios (especialmente físicos) usados para impedir a entrada de germes patogênicos no organismo e prevenir infecções

ADREDE
previamente

TANGER
dizer respeito a; referir-se

66.

Que pensar do costume de se fazer sessões mediúnicas fora dos centros espíritas?

DIVALDO É um hábito muito perigoso. Seria o mesmo que levar pacientes para ser operados em qualquer lugar, só porque há boa vontade, mas não se dispõe de conveniente assepsia nem dos requisitos necessários que se encontram nos hospitais. Nesse caso, os êxitos seriam raros. Além disso, ocorre que, realizada a sessão em qualquer lugar, o local fica marcado pelos Espíritos sofredores que vão sendo informados uns pelos outros, e começam a frequentá-lo. Se for um lar, como aí não existem as defesas necessárias para as incursões de tais Espíritos, transforma-se em um pandemônio.

Indagar-se-á: e antes de haver os centros espíritas? Enquanto ignoramos, temos uma responsabilidade menor. Mesmo quando não se entendia de assepsia, faziam-se operações, mas o número de óbitos era muito maior.

Já que temos o centro, por que desrespeitá-lo, fazendo sessões mediúnicas noutro lugar, se ele está determinado para tal? Se o problema é dirigir-se a um lugar, por que não ao ideal?

> PANDEMÔNIO
> confusão, distúrbio, perturbação

> ÓBITO
> morte de pessoa; falecimento

67.

De que recursos dispõe o participante de uma reunião mediúnica para identificar a natureza dos Espíritos?

DIVALDO "Pelos frutos conhecem-se as árvores"; pelas ações, o caráter dos homens; pela qualidade das comunicações, aqueles que as trazem. Em *O livro dos médiuns*,[12] o Codificador estabelece critério quase infalível.

Os participantes observarão a qualidade da mensagem, o caráter do médium e, depois, o mensageiro que se apresenta.

CARÁTER
conjunto de características determinantes psicológicas e/ou morais

---

12. Allan Kardec, *O livro dos médiuns*, cap. XXIV, item 267 (1.º–26.º), 53.ª ed., FEB, Brasília, 1986.

68.

A partir de que idade o jovem espírita pode participar de trabalhos mediúnicos?

DIVALDO Desde quando esteja disposto a assumir responsabilidades. As jovens médiuns que colaboraram com Kardec tinham entre 12 e 15 anos de idade, mas há muita gente de 40 anos que não sabe manter perseverança nem responsabilidade. O problema não é de idade cronológica, e sim de maturidade espiritual.

69.

Não basta que o jovem espírita tenha conhecimento teórico da doutrina?

DIVALDO Tudo aquilo que fica reduzido a palavras carece de fundamentos de atos. Se ele tem conhecimento teórico da doutrina, necessita pôr à prova esses conhecimentos através da boa prática do espiritismo.

70.

Que pensar dos médiuns psicofônicos que recebem Espíritos durante a sessão, um atrás do outro? Será indício de grande mediunidade?

MÉDIUM PSICOFÔNICO
médium que apresenta a psicofonia (faculdade mediúnica em que o Espírito comunica-se por meio da voz do médium)

RAUL A mediunidade amadurecida não é identificada pelo número de desencarnados que se comuniquem por um único médium, numa mesma sessão, mas será identificada pelo teor das comunicações, pela qualidade do fenômeno que demonstrará a maior ou menor afinação do médium com as responsabilidades da tarefa.

INDÍCIO
sinal, indicação

Cada médium, quando devidamente esclarecido e maduro para o desempenho dos seus compromissos, saberá que o número avultado de comunicações por sessão poderá indicar descontrole do instrumento encarnado e não a sua pujança mediúnica. Há médiuns que prosseguem dando passividade a entidades durante a prece de encerramento, sem nenhuma disciplina, quando não justificam que tais entidades estavam programadas, como se os emissários do além, responsáveis por lides tão graves, tivessem menor bom senso do que nós, os encarnados.

AVULTADO
grande

PUJANÇA
grande força; vigor, robustez

PASSIVIDADE
condição em que o médium efetua o intercâmbio mediúnico, permitindo que o Espírito se comunique

Um número de duas comunicações, e, em caso de grande necessidade e carência de outros médiuns, até três, parece bastante coerente.

Todos os médiuns, assim, terão chance de atender aos irmãos desencarnados, sem os desnecessários desgastes.

71.

Quais as causas do sono de que muitos companheiros se queixam quando participam de uma reunião mediúnica? Como evitá-lo?

RAUL As causas podem ser várias. Desde o cansaço físico, quando o indivíduo que vem de atividades muito intensas e que, ao sentar-se, ao relaxar-se, naturalmente é tomado pelo torpor da sonolência. Também, pode ser causado pela indiferença, pelo desligamento, quando alguém está num lugar fisicamente, entretanto pensando em outro, desejando não estar onde se acha. Compelido por circunstância qualquer, a pessoa desloca-se mentalmente.

O sono pode, ainda, ser provocado por entidades espirituais que nos espreitam e que não têm nenhum interesse em nosso aprendizado para o nosso equilíbrio e crescimento. Muitas vezes, os companheiros questionam: "Mas, se nós estamos no centro espírita, num campo protegido, como é que o sono nos perturba?" Temos que entender que tais entidades hipnotizadoras podem não penetrar o circuito de forças vibratórias da instituição, ficam do lado de fora. Mas a pessoa que entrou no centro, na reunião, não se sintonizou com o ambiente, continua vinculada aos que se conservam fora, e, através dessa porta, desse plugue aberto, ou dessa tomada, as entidades que ficaram lá de fora lançam tentáculos mentais, formando uma ponte. Então, estabelecida a ligação, atuam na intimidade dos centros neuroniais desses incautos, que dormem, que se dizem "desdobrar": "Eu não

TORPOR
entorpecimento, apatia

ESPREITAR
observar atenta e ocultamente; vigiar

HIPNOTIZADOR
indivíduo que executa a hipnose (estado alterado de consciência, semelhante ao sono, gerado por um processo de indução, no qual a pessoa fica muito suscetível à sugestão do hipnotizador)

PLUGUE
conexão

TENTÁCULO
ramificação

INCAUTO
aquele que não tem cautela; descuidado, imprudente, ingênuo

DESDOBRAR
ato de realizar o fenômeno mediúnico que consiste no afastamento do Espírito enquanto seu corpo físico permanece em descanso, mantendo-se ligados por meio do cordão fluídico

estava dormindo... apenas me desdobrei, eu ouvi tudo..." Eles viram e ouviram tudo o que não fazia parte da reunião. Foram fazer a "viagem" com as entidades que os narcotizaram.

Deparamos aí com distúrbios graves, porque quando termina a reunião o indivíduo está fagueiro, "ótimo" e sem sono e vai assistir à televisão até altas horas, depois de se haver submetido aos fluidos enfermiços. Por isso recomendamos àqueles que estão cansados fisicamente, que façam um ligeiro repouso antes da reunião, ainda que seja por poucos minutos, para que o organismo possa beneficiar-se do encontro, para que fiquem mais atentos durante o trabalho doutrinário. Levantar-se, borrifar o rosto com água fria, colocar-se em uma posição discreta, sempre que possível no fundo do salão, em pé, sem se encostar, a fim de lutar contra o sono.

Apelar para a prece, porque sempre que estamos desejosos de participar do trabalho do bem, contamos com a eficiente colaboração dos Espíritos bondosos. "Faze a tua parte que o céu te ajudará."

Temos, então, o sono como esse terrível adversário de nossa participação, de nosso aprendizado, de nosso crescimento espiritual. Não permitamos que ele se apodere de nós. Lutemos o quanto conseguirmos, e deveremos conseguir sempre, para combatê-lo, para ter bons frutos no bom aprendizado.

NARCOTIZAR
causar estado de entorpecimento ou fazer dormir a; tornar insensível

DEPARAR
encontrar

FAGUEIRO
muito alegre; satisfeito, contente

BORRIFAR
umedecer com pequeníssimas gotas

72.

Como deve ser vista a participação do jovem em reuniões mediúnicas? Podem-se formar grupos com participantes das chamadas mocidades espíritas, desde que dirigidos por pessoas experientes?

RAUL No que diz respeito a essa questão, há que se levar em conta alguns aspectos muitíssimo importantes.

Em primeiro lugar, não existe nas páginas espíritas nenhuma oposição à participação de jovens em trabalhos mediúnicos. Verificamos até que, nos tempos primordiais do movimento espírita, Allan Kardec contou com a "mão de obra mediúnica" juvenil para o recebimento de largos e vigorosos textos da codificação. Não poderemos esquecer as jovens da família Baudin nem Ruth Celina Japhet, Ermance Dufaux e Aline Carlotti, todas adolescentes que atuaram com sua faculdade mediúnica junto ao eminente Codificador.

A situação que se tem que levar em conta é de que jovem estamos falando. Se tivermos na instituição espírita moços sérios que, apesar da juventude, saibam renunciar em prol de objetivos mais altos e valiosos do que o imediatismo do mundo, e que, além disso, apresentem alguma faculdade mediúnica que necessite de orientação e comando, nada mais justo do que convidá-los aos estudos e práticas da mediunidade positiva. Será uma medida por demais saudável e caridosa, posto que se oferecerá ao jovem as instruções e o acompanhamento para que se desincumba com proveito dos deveres espirituais trazidos para a Terra.

Entretanto, levar o jovem às atividades mediúnicas somente porque são jovens que frequentam grupos juvenis,

---

MOCIDADE ESPÍRITA
agrupamento de jovens que se reúnem para estudo, reflexão e prática da doutrina espírita e também confraternização

PRIMORDIAL
que é a origem, o início

MOVIMENTO ESPÍRITA
conjunto de ações que os adeptos espíritas fazem em nome do espiritismo; agrupamento dos seguidores espíritas

VIGOROSO
poderoso

EMINENTE
que se destaca por sua qualidade ou importância; excelente, superior

DESINCUMBIR
levar a efeito um encargo, uma missão

EXCITAÇÃO
estado de agitação, de exaltação

OBSESSÃO
ação mental persistente e maléfica que um indivíduo exerce sobre outro

ACURADO
marcado pelo cuidado, atenção, interesse

VERTENTE
subdivisão de um movimento organizado

LÚDICO
que visa mais ao divertimento

LEVAR A CABO
realizar

ABNEGAÇÃO
ação caracterizada pelo desprendimento e amor desinteressado ao próximo; renúncia, dedicação extrema

quando muitas vezes a sua mente ainda se acha vinculada à rebeldia, aos excessos de brincadeiras, às excitações das "baladas" e às práticas do "ficar" – namoros sem quaisquer seriedade e compromisso –, quando trocam de parceiros sexuais como quem troca de roupas, e ainda quando alguns deles valorizam a sua iniciação no mundo atormentado do alcoolismo, sem nenhuma disposição de abrir mão dessas práticas, com certeza abriremos a essas criaturas largos caminhos de maior perturbação, rotas para sérias obsessões.

Por razões dignas de acurados estudos, vemos que hoje em dia a frequência a mocidades espíritas – ou a grupos jovens de outras vertentes religiosas – não é garantia de que muitos jovens adotam Jesus como inspiração para a sua fase moça. Há aqueles que a tais grupos comparecem porque gostam do ambiente, dos amigos, das aproximações afetivas, da música, das atividades lúdicas que são levadas a cabo, mas que não conhecem e não entendem ainda o espiritismo.

Um olhar mais atento e veremos que a falta de aplicados e conscientes dirigentes para os moços, a carência de bons estudos espíritas que consigam responder às inúmeras indagações juvenis e a ausência de uma prática de maior aproximação com os sofredores do mundo têm contribuído para que não se encontrem com facilidade grupos amadurecidos de jovens que os capacitem a levar a sério alguma atividade mediúnica que exige disciplina e espírito de abnegação.

O uso do bom senso em qualquer decisão que se tenha que tomar, em nome do espiritismo, nunca será providência demasiada.

"Entendemos por grupo mediúnico a associação de pessoas que têm conhecimento da doutrina espírita e que pretendem dedicar-se ao estudo da fenomenologia medianímica e, simultaneamente, praticar a excelente lição do próprio espiritismo, que é a caridade.
— DIVALDO FRANCO

DESENVOLVIMENTO MEDIÚNICO

4

73. etapas da educação mediúnica
- » mediunidade não pode ser "fabricada"
- » necessidade do estudo conforme Kardec preceitua
- » providências quanto à mediunidade atormentada

74. aplicação de passes no médium principiante para facilitar o transe mediúnico
- » dificuldade em distinguir entre as sensações e emoções próprias e as do Espírito
- » efeitos do passe sobre os médiuns

75. desenvolvimento mediúnico de médiuns principiantes
   » tempo médio entre o processo de início e término do transe mediúnico
   » número máximo de comunicações para médiuns principiantes

76. atendimento a pessoas com mediunidade eclodindo
   » conhecer a doutrina espírita
   » proposta espírita para a mediunidade

TEMÁRIO 4

73.

MÉDIUM
indivíduo que atua como intermediário entre os planos espiritual e material

MEDIUNIDADE
faculdade natural do ser humano, que propicia o intercâmbio entre os planos espiritual e material

ECLODIR
surgir, aparecer

OSTENSIVO
manifesto, evidente, patente

DESTITUÍDO
despojado, privado

PECULIARIDADE
particularidade, característica

DESABROCHAMENTO
ato de principiar a manifestar(-se), a tomar vulto; nascimento, surgimento

LABOR
trabalho, atividade

PASSE
transfusão de energias psíquicas benéficas realizada geralmente por meio da imposição de mãos sobre alguém

Quais seriam as etapas a ser percorridas pelo médium na sua educação mediúnica?

RAUL Segundo Allan Kardec, em *O livro dos médiuns*,[13] a mediunidade não deverá ser explorada antes que venha a eclodir. Dever-se-ia esperar que ela brotasse e, a partir de então, se lhe daria o devido trato. Sendo assim, embora encontremos muitos companheiros que se candidatam ao exercício da mediunidade, sem que jamais hajam sentido coisa alguma que lhes demonstre ser portadores desse grau ostensivo de mediunidade, as nossas instituições espíritas deverão estar sempre em guarda cuidadosa, para que não inaugurem o sistema de "fabricação" mediúnica destituída de qualquer valor doutrinário, uma vez que há companheiros que se aproximam das instituições espíritas portando tais peculiaridades mediúnicas já em processo de desabrochamento.

A instituição orientada pela doutrina deverá aproximá-los dos estudos doutrinários, das reuniões doutrinárias, do trabalho assistencial em favor de necessitados, daqueles labores que possam gradativamente disciplinar a criatura. Não é oportuno que ela chegue ao centro e seja imediatamente encaminhada à mesa de trabalhos mediúnicos, mas, sim, introduzida no campo de estudo, de conhecimento doutrinário espírita.

Se a pessoa estiver com a mediunidade atormentada, será encaminhada para tratamento através de passes, explicações doutrinárias e da participação nas reuniões de estudos, para que possa gradualmente ir assentando essas energias

---

13. Allan Kardec, *O livro dos médiuns*, cap. XVI, item 198, 53.ª ed., FEB, Brasília, 1986.

revoltas, equilibrando-se até que possa chegar à atividade propriamente mediúnica. Isso porque, se aproximarmos a criatura, sem nenhum conhecimento espírita da mediunidade, aquilo não lhe sendo compreensível poderá afastá-la ou perturbá-la ainda mais. Não sabendo o que ocorre consigo mesma, a pessoa, em vez de entregar-se ao labor, procura fugir, procura criar empecilhos de maneira consciente ou inconsciente. E é exatamente por isso que, não oferecendo a mediunidade nenhum espetáculo, sendo um fenômeno natural, exigirá que o companheiro tenha, pelo menos, as primeiras noções basilares do que a doutrina espírita nos fala a respeito desse tentame. Por isso, aqueles que se aproximam da mediunidade deverão encontrar, nas instituições espíritas, a orientação para o tratamento, para o trabalho e para o estudo conforme Allan Kardec nos preceitua.

INCONSCIENTE
que não tem consciência; que não é percebido pelo indivíduo que o vivencia

BASILAR
que serve de base; básico, fundamental

TENTAME
tentativa, ensaio

PRECEITUAR
estabelecer (preceito, regra, norma etc.)

74.

No desenvolvimento da faculdade em médiuns principiantes, há alguma utilidade em se lhes aplicar passes para facilitar, por exemplo, a psicofonia?

DIVALDO Esse exercício é, às vezes, positivo, porque o médium, estando com os centros psíquicos ainda não disciplinados durante a hora da concentração, entra em conflito, por não saber distinguir suas sensações e emoções daquelas que ele registra e que pertencem ao Espírito desencarnado. Experimenta taquicardia, há o resfriamento corporal, colapso periférico, a ansiedade que são típicos da presença dos Espíritos que padecem, mas que muitas vezes são da própria expectativa. No caso da aplicação do passe objetivando ajudar, aumenta no médium a carga vibratória e isso facilita-lhe o fenômeno. Mas, por outro lado, não deve ser habitual, para não lhe criar condicionamentos. Por isso, deve-se aplicar passes só esporadicamente.

PSICOFONIA
faculdade mediúnica em que o Espírito comunica-se por meio da voz do médium

DESENCARNADO
Espírito liberto do corpo físico em decorrência da morte biológica

TAQUICARDIA
aceleração dos batimentos cardíacos, geralmente aplicado a taxas acima de cem batimentos por minuto

COLAPSO PERIFÉRICO
caracteriza-se por palidez cutânea, extremidades frias, pele marmórea e outros sintomas

ANSIEDADE
mal-estar físico e psíquico; aflição, agonia

PADECER
sofrer mal físico ou moral

75.

Em trabalhos de desenvolvimento mediúnico com médiuns principiantes, haverá necessidade de mais de uma comunicação ou uma seria suficiente?

DIVALDO Para exercitar a mediunidade, o que importa não é o número de comunicações, mas a qualidade delas. O médium deve esperar sentir-se dominado pela vontade do hóspede, que o vai controlando, a fim de que consiga registrar plenamente a mensagem. Esse processo demora uns cinco minutos, antes do ato de falar, e perdura por uns dez a quinze minutos, depois do silêncio, quando as energias vão retornando ao estado primitivo e reequilibrando o psiquismo do médium. No caso de desenvolvimento de um médium principiante num grupo expressivo, no máximo duas comunicações de sofredores são suficientes.

COMUNICAÇÃO
ato de transmitir a mensagem do Espírito

PERDURAR
permanece

PSIQUISMO
conjunto das características psíquicas de um indivíduo

76.

Quem comparece a um centro espírita pela primeira vez e apresenta sintomas claros de mediunidade ostensiva em desabrochamento deve ser encaminhado prontamente aos cursos de educação mediúnica?

RAUL Toda pessoa que chega a um centro espírita portando faculdade mediúnica ostensiva necessitará ser atendida com os recursos da fluidoterapia, da orientação espírita para a sua situação, o que conseguirá por meio de sua frequência às reuniões de estudo que o centro disponibilize, estudos esses que poderão contemplar a questão mediúnica.

Essa pessoa precisará, sim, de assistência, mas deverá ser levada prontamente a conhecer a doutrina, seus fundamentos, seus princípios, a fim de que saiba o que é que está passando-se consigo. Não será de boa inspiração levá-la a estudos especificamente mediúnicos, sem que ela conheça o entorno. Esse desconhecimento fará com que o portador da faculdade mediúnica não consiga associar o bom desenvolvimento de sua mediunidade com seu estilo de vida, seus hábitos morais e sua prática social, parecendo-lhe que o suficiente será o desenvolvimento mediúnico, propriamente dito, e tudo estará resolvido.

Costuma ser preocupação comum do médico informar ao seu paciente que o remédio indicado não conseguirá provocar os efeitos esperados, caso não seja seguida a necessária dieta alimentar e realizados os exercícios físicos ou atendido o devido repouso.

A proposta espírita para a mediunidade é que ela consiga inserir o portador num delicado, profundo e persistente processo de renovação de si mesmo, enquanto se apresenta como lúcido intermediário entre as dimensões física e espiritual da vida.

FLUIDOTERAPIA
tratamento realizado por meio da aplicação de fluidos; aplicação do passe

ENTORNO
o que rodeia, que está relacionado

LÚCIDO
que compreende e capta as ideias com clareza

"A proposta espírita para a mediunidade é que ela consiga inserir o portador num delicado, profundo e persistente processo de renovação de si mesmo, enquanto se apresenta como lúcido intermediário entre as dimensões física e espiritual da vida.

— RAUL TEIXEIRA

COMUNICAÇÕES

5

77. número de comunicações de um mesmo médium durante a sessão mediúnica
   » médium deve dar oportunidade a outros médiuns

78. necessidade da comunicação do mentor logo após a de um Espírito infeliz, sofredor

79. comunicações de pretos velhos ou de caboclos nas sessões mediúnicas espíritas
   » sessões mediúnicas espíritas abertas a todos os tipos de Espíritos
   » linguagem dos comunicantes
   » não há preconceito nas sessões espíritas

80. reflexos condicionados e manifestação mediúnica
   » situações psíquicas condicionadas do passado
   » educação mediúnica e desempenho feliz da mediunidade
   » interferência anímica

TEMÁRIO 5

81. possibilidade da comunicação de Espírito em processo de gestação
    » quando o reencarnante tem méritos
    » lucidez e equilíbrio do reencarnante

82. importância da reunião mediúnica
    » psicoterapia espiritual preventiva
    » silenciar a voz dos Espíritos
    » necessidade da contribuição dos mentores espirituais

83. comunicação de Espíritos ovoides
    » alta carga de perturbação do Espírito
    » médium moralizado
    » recomposição do períspirito do comunicante
    » benefícios da comunicação para o Espírito

84. inconveniente de promover regressão no Espírito comunicante
    » possível intercorrência da mente do médium
    » dificuldade em distinguir entre a mente do médium e a do comunicante

COMUNICAÇÃO
ato de transmitir a mensagem do Espírito

MÉDIUM
indivíduo que atua como intermediário entre os planos espiritual e material

SESSÃO MEDIÚNICA
reunião mediúnica (atividade realizada com o propósito de intercâmbio com os Espíritos, para socorro, esclarecimento, aprendizado)

INCORPORAR
expressão historicamente utilizada para designar a realização da psicofonia (faculdade mediúnica em que o Espírito comunica-se por meio da voz do médium)

ENTIDADE
ser, Espírito

MENTOR
Espírito que dirige uma atividade e/ou guia determinado indivíduo ou grupo

77.

Quantas comunicações um mesmo médium pode receber durante a sessão mediúnica de atendimento a Espíritos sofredores?

DIVALDO Um médium seguro, num trabalho bem organizado, deve receber de duas a três comunicações, quando muito, para que dê oportunidade a outros companheiros de tarefas, e para que não sofra desgaste exagerado.

Tenho tido o hábito de observar, em médiuns seguros, conhecidos nossos, que eles "incorporam", em média, três entidades sofredoras ou perturbadoras e o mentor espiritual; raramente ocorrem cinco manifestações pelo mesmo instrumento, principalmente num grupo.

78.

Há necessidade, após a comunicação de um Espírito infeliz, sofredor, de imediata "incorporação" do Espírito mentor ou guia, para que haja a limpeza psíquica do médium?

DIVALDO Absolutamente, não há.

79.

Por que é que, comumente, não se vê comunicações de pretos velhos ou de caboclos nas sessões mediúnicas espíritas? Isso se deve a algum tipo de preconceito?

RAUL A expressão da pergunta está bem a calhar. Realmente, a maioria dos participantes não vê os Espíritos que se comunicam, mas eles se comunicam.

O espiritismo não tem compromisso de destacar particularmente esta ou aquela entidade. Se as sessões mediúnicas espíritas são abertas para o atendimento de todos os tipos de Espíritos, por que não viriam os que ainda se apresentam como pretos velhos ou novos, brancos, amarelos, vermelhos, índios, ou caboclos e esquimós?

O que ocorre é que tais Espíritos devem ajustar-se às disciplinas sugeridas pelo espiritismo e só não as atendem quando o médium, igualmente, não as aceita.

Muitos Espíritos que se mostram no além como antigos escravos africanos ou como indígenas falam normalmente, sem trejeitos, embora a forma externa do perispírito possa manter as características que eles desejam ou da qual não lograram desfazer. Talvez muitos esperassem que esses desencarnados se expressassem de forma confusa, misturando a língua portuguesa com outros sons, expressando-se num

---

PRETO VELHO
Espírito que se apresenta com seu corpo fluídico caracterizado como velho africano que viveu existência anterior na senzala, majoritariamente como escravo que morreu no tronco ou de velhice

CABOCLO
Espírito que se apresenta com seu corpo fluídico caracterizado como indivíduo nascido de índia e branco (ou vice-versa), de pele acobreada e cabelos negros e lisos

ESQUIMÓS
povo de tipo mongólico que desde tempos imemoriais habita as regiões mais localizadas ao Norte da Groenlândia, Canadá e Alasca

TREJEITO
contração ou movimento que altera a expressão do rosto; gesticulação afetada

PERISPÍRITO
corpo espiritual; envoltório semimaterial do Espírito

LOGRAR
conseguir

DESENCARNADO
Espírito liberto do corpo físico em decorrência da morte biológica

DIALETO
variedade regional de uma língua com diferenças em relação à língua padrão tão acentuadas que dificultam a comunicação dos seus falantes com os de outras regiões

NAGÔ
iorubá (língua nigero-congolesa do grupo Kwa, falada por esse povo)

GUARANI
língua da família linguística tupi-guarani, falada pelos guaranis

REENCARNATÓRIO
que diz respeito à reencarnação

MEDIUNIDADE
faculdade natural do ser humano, que propicia o intercâmbio entre os planos espiritual e material

"dialeto" impenetrável, carecendo de intérpretes especiais que, na maior parte das vezes, fazem de conta que estão entendendo tal mescla. Se o Espírito fala em nagô, que seja nagô de verdade. Se se apresenta falando guarani, que seja o verdadeiro guarani. Entretanto, não sendo o idioma exato do seu passado reencarnatório, por que não falar o médium em português, pois que capta o pensamento da entidade e reveste-o com palavras?

Não há, portanto, preconceito nas sessões espíritas. Entretanto, procura-se manter o respeito às entidades, à mediunidade e à doutrina espírita, buscando a coerência com a verdade que já identificamos.

80.
Qual a interferência dos reflexos condicionados na manifestação mediúnica?

RAUL Carregando múltiplas experiências de um passado remoto ou próximo, é natural que num momento de exacerbação da mente, quando temos o inconsciente mais à tona, coisas e fatos nele repousantes tendam a se apresentar.

Os nossos reflexos incondicionados, cuja região de localização é a área do subcórtice, abaixo da parte cinzenta, quando são acionados pela interferência da mediunidade, que atua sobre o sistema nervoso central, deixam-nos a facilidade de reexperimentar uma série de situações psíquicas condicionadas nos dias passados em outras reencarnações. É na educação mediúnica, na educação doutrinária espírita, que vamos nos apercebendo de como somos, do modo como agimos e daquilo que é necessário ao desempenho feliz da mediunidade. Começaremos por dar menos vazão aos aspectos do reflexo negativo do passado, dos que possam empanar a expressão mediúnica; e aos reflexos positivos, porque fazem parte do conjunto de experiências nobres, deixaremos que se intensifiquem em nossa vida, porque o nosso aprendizado atual é feito por sobre registros de passagens próximas ou distantes, permitindo que as conquistas se incorporem ao nosso patrimônio espiritual.

EXACERBAÇÃO
avivamento

INCONSCIENTE
conjunto dos processos psíquicos que não possuem a intensidade suficiente para atingir a consciência

À TONA
à superfície

SISTEMA NERVOSO CENTRAL
conjunto do encéfalo e da medula espinhal

SUBCÓRTICE
abaixo do córtex (córtex cerebral – camada periférica dos hemisférios cerebrais, formada de substância cinzenta, sede de funções nervosas elaboradas como os movimentos voluntários)

EMPANAR
tirar ou perder o brilho; manchar, obscurecer, comprometer

INSURGIR
surgir, vindo do fundo; emergir, sair, erguer-se

EXACERBAMENTO
intensificação

ECLOSÃO
surgimento, aparecimento

Com a prática da autoanálise, do autoconhecimento, evitaremos que se insurja a apavorante sombra da desproporcional interferência anímica que nada mais é do que o exacerbamento de certos reflexos que permitem a eclosão da própria personalidade ou de personalidades vividas no passado.

Valorizemos, então, a influência dos reflexos passados em nossa atuação mediúnica, quando esses forem positivos e expressivos, capazes de nos conduzir para o enobrecimento espiritual.

81.

REENCARNANTE
Espírito que se encontra em processo de reencarnação

REUNIÃO MEDIÚNICA
atividade realizada com o propósito de intercâmbio com os Espíritos, para socorro, esclarecimento, aprendizado

REENCARNAÇÃO
retorno do Espírito à vida corpórea, em um corpo físico diferente daquele animado em existência anterior

LÚCIDO
que conserva as faculdades do raciocínio

Estando em processo de gestação, seria possível a manifestação do Espírito reencarnante em uma reunião mediúnica, caso fosse necessário? A futura mãe deveria estar dormindo nesse momento?

DIVALDO É possível a comunicação de um Espírito em processo de reencarnação em uma reunião mediúnica, quando se torna necessário, sem que a genitora esteja adormecida. Isso, porém, somente sucede quando o reencarnante é lúcido, portador de títulos de enobrecimento e possui a capacidade de manter o intercâmbio sem experimentar desequilíbrio de qualquer natureza.

82.

Que dizer de centros espíritas que não realizam reuniões mediúnicas, alegando que o tempo do fenômeno passou e que na atualidade deve-se cuidar da divulgação dos princípios espíritas e de sua aplicação prática no meio social?

DIVALDO Com todo o respeito pelas associações que assim procedem, somos de parecer que um centro espírita no qual não têm lugar os fenômenos compatíveis com os objetivos do espiritismo, especialmente os de referência às comunicações, que o mesmo teria perdido a "alma", mantendo somente o "corpo".

Contribuir em favor do esclarecimento dos desencarnados é também uma forma edificante e, sobretudo, de caridade cristã, apresentando-lhes os paradigmas da doutrina e preparando-os para os futuros cometimentos no corpo físico. Tal comportamento constitui uma verdadeira psicoterapia espiritual preventiva, tendo-se em vista o processo evolutivo no qual todos nos encontramos mergulhados, necessitando sempre, num estado ou noutro de vibração da vida, de conhecimentos e de recursos morais para a aquisição da paz.

> **PARADIGMA**
> um exemplo que serve como modelo; padrão
>
> **COMETIMENTO**
> empreendimento
>
> **PSICOTERAPIA**
> terapia (método apropriado para tratar determinado distúrbio) de doenças e problemas psíquicos
>
> **PREVENTIVO**
> que serve ou é próprio para tomar medidas que evitem (algo), com antecipação

PROCELOSO
agitado por uma procela (forte tempestade no mar com vento intenso e grandes ondas); tormentoso, tempestuoso

PRESUNÇÃO
convicção infundada ou exagerada de suas próprias qualidades; pretensão

Silenciar as vozes dos Espíritos sob qualquer alegação numa casa espírita é encorajar-se a navegar no mar proceloso da existência física sem o auxílio seguro da bússola, porquanto todos necessitamos de orientação, de instrução e de apoio dos nobres guias desencarnados.

Essa perigosa conduta abre espaço para a presunção e a falsa crença de que já se está informado de tudo, não mais necessitando da indispensável contribuição dos mentores espirituais...

83.

Seria possível a um Espírito ovoide manifestar-se através da psicofonia em reunião de desobsessão? Nesse caso, o médium traduziria adequadamente o pensamento da entidade? Esse trabalho poderia ser útil à reencarnação desse Espírito?

DIVALDO O fenômeno da comunicação dos Espíritos ovoides ocorre com mais frequência do que se pensa, o que constitui uma bênção nas reuniões mediúnicas. Invariavelmente, trata-se de uma comunicação atormentada, sem verbalização do sofrimento, sem raciocínio lógico, com alta carga de perturbação do Espírito, em consequência alterando o sistema nervoso central e endócrino do médium, que, sendo moralizado, não sofre efeitos perturbadores.

Como a "vida do ovoide" é um estágio somente mental, a comunicação mediúnica proporciona-lhe uma pré-recomposição do perispírito, em face da união com o do médium, preparando-o para a futura reencarnação.

É, portanto, de salutar benefício estabelecer-se a comunicação desses irmãos em tremenda limitação, que, nada obstante, somente pode ser facultada pelos orientadores espirituais do núcleo espírita.

OVOIDE
estado de degradação que Espíritos em intensa perturbação podem alcançar, caracterizado pela deformação do seu corpo espiritual, que perde a feição humana e toma aspecto oval

PSICOFONIA
faculdade mediúnica em que o Espírito comunica-se por meio da voz do médium

REUNIÃO DE DESOBSESSÃO
atividade realizada com o propósito específico de tratamento do processo obsessivo, em benefício do obsidiado e do obsessor

SISTEMA ENDÓCRINO
conjunto das glândulas endócrinas (hipófise, tireoide, timo, pâncreas, suprarrenais, testículos, ovários etc.)

SALUTAR
saudável, edificante, construtivo

FACULTADO
possibilitado, permitido

84.

É válido o emprego da técnica de regressão de memória nos trabalhos mediúnicos? Se for válido, sob que condições se deve recorrer a tal recurso?

RAUL Os nossos benfeitores espirituais têm-nos advertido para a inconveniência de se promover a regressão de memória nos trabalhos mediúnicos. Alegam que, primeiro, o encarnado geralmente não consegue identificar o estado geral do desencarnado comunicante, a fim de estabelecer com segurança se ele está ou não em condição de ser submetido a essa técnica.

Por outro lado, estando o desencarnado externando a sua comunicação através da mente de um veículo encarnado, que é o médium, há todas as chances de que, ao ser evocada a regressão, ocorra a intercorrência da mente do médium nos conteúdos que se obterão por meio da regressão.

Um esclarecedor ou um pesquisador que avançasse pelos caminhos da regressão precisaria de muita habilidade, pautada num conhecimento teórico e prático muito grande tanto da mente do desencarnado quanto da do encarnado, de modo que distinga uma da outra no fenômeno regressivo que se obteria. Bem se pode ver que não é algo fácil de se conseguir.

Por essas razões, o diálogo precisamente fraterno e lúcido, vinculado ao bom senso e à sensibilidade do dialogador, ainda é a grande ferramenta de que dispõem todos quantos se lancem ao trabalho de intercâmbio mediúnico.

ENCARNADO
Espírito ligado ao corpo físico vivendo a vida corpórea

EVOCADO
chamado, recorrido

INTERCORRÊNCIA
ato de intercorrer (acontecer no decurso de outro fato ou acontecimento)

ESCLARECEDOR
dialogador

PAUTADO
dirigido por regras; regrado, disciplinado

DISTINGUIR
perceber a diferença; diferenciar

FRATERNO
afetuoso, amigável, cordial

LÚCIDO
que expressa as ideias com clareza

DIALOGADOR
integrante da reunião mediúnica responsável pelo diálogo com os Espíritos comunicantes com o objetivo de os consolar, esclarecer, socorrer, encaminhar

> "Somos de parecer que um centro espírita no qual não têm lugar os fenômenos compatíveis com os objetivos do espiritismo, especialmente os de referência às comunicações, que o mesmo teria perdido a 'alma', mantendo somente o 'corpo'.
>
> — DIVALDO FRANCO

DOUTRINAÇÃO

85. doutrinação dos desencarnados nas reuniões mediúnicas
- » clima de entendimento e respeito
- » sentimentos e emoções que o comunicante expressa
- » doutrinação e bom senso

86. esclarecimento ao Espírito comunicante quanto a sua situação espiritual
- » falar ao comunicante sobre sua própria desencarnação
- » habilidade e carinho do doutrinador
- » doutrinação e empatia

87. doutrinação como diálogo fraternal
- » nem palestra nem discurso

88. responsabilidade do doutrinador e de todos os membros do grupo mediúnico
    » reunião é um ser coletivo, ensina Kardec
    » necessidade do estudo e da renovação de todos

89. doutrinação depende do modo como o Espírito apresenta-se
    » manifestação de entidades como crianças
    » raramente mentores trazem para comunicação Espíritos em fase psicologicamente infantil
    » ensina *O livro dos médiuns*
    » mistificadores que se apresentam como crianças

TEMÁRIO 6

85.

Como deve processar-se a doutrinação dos desencarnados nas reuniões mediúnicas?

RAUL A doutrinação, ou esclarecimento, dirigida aos companheiros desencarnados que se apresentam nas reuniões de intercâmbio mediúnico deve ser processada dentro de um clima de entendimento e respeito, estando certo o doutrinador, ou esclarecedor, de estar dialogando com um ser humano cuja diferença mais notável é estar o Espírito despojado do corpo físico.

Refletindo sobre tal verdade, o doutrinador não ignorará que o desencarnado continua com possibilidades de sentir simpatia ou antipatia, de nutrir amor ou ódio, alegria ou tristeza, euforia ou depressão. Que ele pode ainda ser lúcido ou embotado, zombeteiro, leviano, emotivo ou frio de sentimentos.

A doutrinação, a partir dessa reflexão, desenvolver-se-á como um diálogo com outro ser humano, quando pelo menos um dos conversadores é nobre e atencioso. Assim, evitar-se-ão, por parte do doutrinador, ameaças, chantagens, irritação ou desdém.

Em tudo, o bom senso. O doutrinador deixa a entidade falar, dizer a que veio, o que deseja, a partir de então vai conversando, perguntando sem agressão, chamando o desencarnado à meditação, à compreensão. Admitindo, contudo, que nem sempre será tarefa muito fácil ou imediata, como entre pessoas encarnadas que têm dificuldade de entender as coisas, por múltiplas razões, e passam longos meses ou mesmo anos, às vezes, para reformar uma opinião ou abrir mão de determinados costumes ou procedimentos.

DOUTRINAÇÃO
ato do diálogo com os Espíritos comunicantes na reunião mediúnica com o objetivo de os consolar, esclarecer, socorrer, encaminhar

DOUTRINADOR
dialogador (integrante da reunião mediúnica responsável pela doutrinação)

DESPOJADO
desprovido

LÚCIDO
que conserva as faculdades do raciocínio

EMBOTADO
que não consegue raciocinar de forma clara

ZOMBETEIRO
aquele que faz zombaria (dito ou ato que visa a depreciar ou ridicularizar algo ou alguém); zombador

LEVIANO
que julga ou procede irrefletida e precipitadamente; insensato

DESDÉM
desprezo, indiferença

86.

No atendimento a Espíritos sofredores, o doutrinador deve primeiramente fazer o comunicante conhecer a sua condição espiritual?

DIVALDO Há que se perguntar quem de nós está em condições de receber uma notícia, a mais importante da vida, como é a morte, com a serenidade que seria de esperar?

Não podemos ter a presunção de fazer o que a divindade tem paciência em realizar. Essa questão de esclarecer o Espírito no primeiro encontro é um ato de invigilância e, às vezes, de leviandade, porque é muito fácil dizer a alguém que está em perturbação: "Você já morreu!" É muito difícil escutar-se essa frase e recebê-la serenamente.

Dizer a alguém que deixou a família na Terra e foi colhido numa circunstância trágica, que aquilo é a morte, necessita de habilidade e carinho, preparando primeiro o ouvinte, a fim de lhe evitar choques, ulcerações da alma.

Considerando-se que a terapêutica moderna, principalmente no capítulo das psicoterapias, objetiva sempre libertar o homem de quaisquer traumas e não lhe criar novos, por que, na vida espiritual, deveremos usar metodologia diferente?

PRESUNÇÃO
pretensão

LEVIANDADE
condição de leviano (que julga ou procede irrefletida e precipitadamente); insensatez, irreflexão

ULCERAÇÃO
formação de uma úlcera (ferida ou chaga)

TERAPÊUTICA
terapia (método apropriado para tratar determinado distúrbio)

PSICOTERAPIA
terapia de doenças e problemas psíquicos

A nossa tarefa não é dizer *verdades*, mas *consolar*, porque dizer simplesmente que o comunicante já desencarnou, os guias também poderiam fazê-lo. Deve-se entrar em contato com a entidade, participar de sua dor, consolá-la e, na oportunidade que se faça lógica e própria, esclarecer-lhe que já ocorreu o fenômeno da morte, mas somente quando o Espírito puder receber a notícia com a necessária serenidade, a fim de que disso retire o proveito indispensável a sua paz. Do contrário, será perturbá-lo, prejudicá-lo gravemente, criando embaraços para os mentores espirituais.

ENTIDADE
ser, Espírito

MENTOR
Espírito que dirige uma atividade e/ou guia determinado indivíduo ou grupo

87.

Será plausível que se desenrole a doutrinação de desencarnados por meio de curta palestra, em que o doutrinador possa expressar-se como quem faz uma conclamação?

RAUL O doutrinador dispensará sempre os discursos durante a doutrinação, entendendo-se aqui discurso não como a linha ideológica utilizada, mas, sim, a falação interminável, que não dá ensejo à outra parte de se exprimir ou explicar-se.

Muitas vezes, na ânsia de ver as entidades esclarecidas e renovadas, o doutrinador perde-se numa excessiva e cansativa cantilena, de todo improdutiva e enervante.

O diálogo com os desencarnados deverá ser sóbrio e consistente, ponderado e clarificador, permitindo boa assimilação por parte do Espírito e excelente treino lógico para o doutrinador.

PLAUSÍVEL
que se pode admitir,
aceitar; razoável

CONCLAMAÇÃO
chamamento;
fala em voz alta

ENSEJO
ocasião,
oportunidade

CANTILENA
narrativa monótona

SÓBRIO
marcado por temperança, equilíbrio,
moderação e/ou
seriedade; contido nas emoções
e caprichos

88.

Pode-se dizer que a responsabilidade do doutrinador é do mesmo nível da dos demais médiuns participantes da sessão?

RAUL É quase o mesmo que indagar se a responsabilidade do timoneiro é a mesma da tripulação de um navio.

O livro dos médiuns, no seu item 331 (capítulo XXIX), na palavra esclarecida de Allan Kardec, assevera que "a reunião é um ser coletivo". Em sendo assim, não temos dúvida de que todos são grandemente importantes no desenrolar da sessão.

Sem laivos de dúvida, as responsabilidades equiparam-se, sendo que cada qual estará atendendo às suas funções, mas todas são do mesmo modo importantes.

Se o leme estiver bem conduzido e a casa de máquinas mal cuidada ou relaxada, poderão decorrer graves acidentes. O contrário também ensejaria sérias consequências. Assim, médiuns, doutrinadores, aplicadores de passes precisarão estudar e renovar-se, para melhor atender aos seus deveres.

MÉDIUM
indivíduo que atua como intermediário entre os planos espiritual e material

TIMONEIRO
aquele que controla o timão (leme) de uma embarcação

TRIPULAÇÃO
conjunto de pessoas que guarnecem um navio

LAIVOS
rudimentos, vestígios

ENSEJAR
apresentar a oportunidade para; ser a causa ou o motivo de; possibilitar

PASSE
transfusão de energias psíquicas benéficas realizada geralmente por meio da imposição de mãos sobre alguém

89.

De que maneira um doutrinador deverá conduzir o diálogo, ao atender a um Espírito que se apresente como jovem? E no caso de uma criança? Há algum sentido ou mesmo algum proveito no encaminhamento à reunião mediúnica de Espíritos que, desencarnados em idade infantil, ainda se apresentam com essas características na vida espiritual?

RAUL Todo o diálogo realizado com desencarnados deverá ser conduzido em função do modo como se apresente o Espírito. É sumamente importante que o dialogador tenha a paciência de sondar ou aguardar seja dito inicialmente alguma coisa que lhe facilite identificar as condições gerais do comunicante.

É desse modo que o dialogador – doutrinador ou médium esclarecedor – conseguirá perceber se o comunicante apresenta-se como jovem, como homem ou mulher, ou qualquer outra caracterização que possa auxiliar no diálogo.

No caso de a entidade apresentar-se como jovem, será importante saber o que deseja, como retornou ao mundo espiritual, a fim de que seja proveitosa a conversa e que consiga ser útil ao desencarnado, sem fazer-lhe ingênuos ou maçantes sermões desfocados das reais necessidades do Espírito.

Maior cuidado deverão ter o dialogador e o dirigente da reunião quando se manifestam entidades afirmando que são crianças, pois muito raramente o mundo superior encaminhará um Espírito ainda em fase psicologicamente infantil às comunicações. Quando o fazem, não costumam ser as crianças que manifestam atuação intelectual, tais como diálogos elaborados, aconselhamentos a terceiros etc. São quase

---

SONDAR
tentar conhecer, empregando meios cautelosos; investigar

MAÇANTE
entediante, aborrecedor

SERMÃO
qualquer fala com o objetivo de convencer alguém de algo

COMUNICAÇÃO
ato de transmitir a mensagem do Espírito

CARÁTER
conjunto de características determinantes psicológicas e/ou morais

PATOLÓGICO referente à patologia (qualquer desvio anatômico e/ou fisiológico, em relação à normalidade, que constitua uma doença ou caracterize determinada doença)

LÚDICO que visa mais ao divertimento

TREJEITO contração ou movimento que altera a expressão do rosto; gesticulação

MISTIFICADOR Espírito impostor que se apresenta falsamente como uma personalidade nobre para transmitir informações absurdas

PSICOLÓGICO pertencente à psique ou aos fenômenos mentais ou emocionais

OBSESSIVO relativo à obsessão (ação mental persistente e maléfica que um indivíduo exerce sobre outro)

PRECONIZADO recomendado, aconselhado, pregado

sempre seus anjos guardiães ou algum benfeitor da família que fala em nome delas, a fim de suprir alguma necessidade familiar, dentro da lei do mérito, necessidade verificada pela espiritualidade superior e não aquelas aventadas pelos próprios familiares.

Aprendemos em *O livro dos médiuns* que:

> A alma da criança é um *Espírito ainda envolto nas faixas da matéria*; porém, desprendido desta, goza de suas faculdades de Espírito, porquanto os Espíritos não têm idade, o que prova que o da criança já viveu. Entretanto, até que se ache completamente desligado da matéria, pode conservar, na linguagem, traços do caráter da criança.

Sendo assim, no caso de a criança desencarnada recobrar as suas faculdades de Espírito, não terá nenhuma necessidade de manifestar-se como criança, falando e agindo como tal, como nenhum adulto se dirige a outro, salvo em situações patológicas ou lúdicas, com falas e trejeitos infantis.

São muitas as entidades mistificadoras que se prevalecem da sensibilidade do senso comum com relação a crianças, a fim de dominar gradualmente pessoas ou grupos de pessoas, passando a comandar-lhes as ações, mantendo, contudo, a postura psicológica de crianças. Há que se ter muita cautela, a fim de que, por invigilância ou ingenuidade, um grupo mediúnico não seja tragado por ondas de dominação obsessiva, por não ter os olhos bem abertos para qualquer tipo de manifestações mediúnicas que fujam ao bom senso preconizado pelo espiritismo.

"O diálogo com os desencarnados deverá ser sóbrio e consistente, ponderado e clarificador, permitindo boa assimilação por parte do Espírito e excelente treino lógico para o doutrinador.
— RAUL TEIXEIRA

MENTORES

90. comunicação dos
    mentores dos médiuns
    no início das sessões

91. médium dependente do
    guia e guia superprotetor
    » mediunidade é
      faculdade do espírito
    » função fisiopsicológica
      da mediunidade
    » tarefa dos benfeitores
      e aquelas que são
      próprias do homem
    » condecorações do Cristo

TEMÁRIO 7

92. médiuns que só recebem Espíritos mentores
    » atendimento aos sofredores, conforme Jesus ensinou

93. possibilidade de se fazer interpelação ou perguntas aos mentores
    » Espíritos superiores são como pedagogos, mestres
    » bons Espíritos não ficam magoados

90.

Haverá necessidade de que, no início das sessões mediúnicas, todos os médiuns recebam seus mentores particulares, para garantir sua presença ou para deixar a cada qual sua mensagem?

RAUL Não, não há. As leituras e meditações feitas na abertura da sessão, seguidas pela oração contrita e objetiva, assim como a predisposição positiva dos participantes dão-nos a garantia da presença e da consequente assistência dos Espíritos-guia, sem necessidade de que cada médium receba o seu mentor particular.

Há circunstâncias em que o Espírito responsável pelo labor a desenrolar-se comunica-se, após a abertura da sessão, com alguma mensagem orientadora, comumente versando sobre as lides a se processar, concitando à atenção, ao aproveitamento etc. Doutras vezes, vem ao final das tarefas para alguma explicação, conclamação ao encorajamento e à perseverança, desfazendo quaisquer temores em função de alguma comunicação mais preocupante. Contudo, a comunicação de todos os guias, no mínimo, é desnecessária e sem propósito.

SESSÃO MEDIÚNICA
reunião mediúnica

MENTOR
Espírito que dirige uma atividade e/ou guia determinado indivíduo ou grupo

CONTRITO
que sente contrição (sentimento pungente de arrependimento por equívocos cometidos e pela ofensa a Deus, menos pelo receio da expiação do que pelo amor e gratidão à divindade)

PREDISPOSIÇÃO
disposição, tendência para algo

LABOR
trabalho, atividade

VERSAR
tratar de (um assunto, um tema)

LIDE
atividade

CONCITAR
instigar, estimular

CONCLAMAÇÃO
chamamento

COMUNICAÇÃO
ato de transmitir a mensagem do Espírito

91.

Que pensar do médium que espera tudo do seu guia e do guia que faz tudo para o seu médium?

DIVALDO Que esse médium não está informado pela doutrina espírita. A mediunidade não é uma faculdade de que o espiritismo se fez proprietário. A mediunidade, sendo uma faculdade do espírito, expressa na organização somática do homem, é uma função fisiopsicológica.

O espiritismo possui a metodologia da boa condução da mediunidade. Por isso, há médiuns não espíritas e espíritas não médiuns.

O fato de alguém dizer-se médium não significa que esse alguém seja espírita. Quando se espera que os "guias" assumam as nossas responsabilidades, nós nos omitimos do processo de crescimento, de evolução. Porque se os Espíritos superiores devessem equacionar os nossos problemas, seria desnecessária a nossa reencarnação. Isso facultaria a esses Espíritos o progresso e não a nós. Se o professor solucionar todos os problemas dos alunos, estes não adquirirão experiência nem conhecimento para um dia ser livres e lúcidos. A tarefa dos benfeitores é inspirar, guiar, apontar os caminhos. E a do homem é reconquistar a Terra, vencer os empeços, discernir e aprimorar-se cada vez mais.

MEDIUNIDADE
faculdade natural do ser humano, que propicia o intercâmbio entre os planos espiritual e material

SOMÁTICO
físico, corporal

FISIOPSICOLÓGICO
fisiológico (relativo às funções orgânicas dos seres vivos, especialmente aos processos físico-químicos) e psicológico (pertencente à psique ou aos fenômenos mentais ou emocionais)

OMITIR
deixar de agir ou de manifestar-se

EQUACIONAR
dispor (dados de um problema, uma questão) para encaminhar, para conduzir a solução; solucionar

REENCARNAÇÃO
retorno do Espírito à vida corpórea, em um corpo físico diferente daquele animado em existência anterior

FACULTAR
possibilitar, permitir

LÚCIDO
que compreende e capta as ideias com clareza

EMPEÇO
empecilho; dificuldade, impedimento

DISCERNIR
perceber claramente; distinguir, diferenciar

ENTIDADE
ser, Espírito

DETRIMENTO
dano moral ou material; prejuízo, perda

PADECIDO
sofrido

Quando alguém diz que o seu guia lhe resolve os problemas, esses são guias que necessitam ser guiados. São entidades terra a terra, mais preocupadas com as soluções materiais, em detrimento das questões relevantes que são as questões do espírito.

Referiu-se Raul às lágrimas diárias de Chico Xavier,[14] demonstrando que os benfeitores não lhe resolviam os problemas. Ensinaram-no a solucioná-los mediante sua autodoação que lhe exigiu o patrimônio das lágrimas.

O médium que não haja chorado por amor, por solidariedade, que não haja padecido o escárnio da incompreensão e ainda não tenha sido crucificado no madeiro da infâmia é apenas candidato, ainda não tem as condecorações do Cristo, isso sem nenhum masoquismo de nossa parte, mas fruto de observações e experiências.

---

14. Ver resposta à pergunta 2.

92.

Que dizer dos médiuns que só recebem Espíritos mentores e jamais sofredores? Seria uma mediunidade mais aprimorada?

RAUL Pautando-nos no pensamento de Jesus que afirma não serem os sãos que carecem de médicos, e, sim, os doentes, podemos ver grande incoerência nesse fenômeno questionado.

Há que se desconfiar sempre desses médiuns que só recebem guias ou mentores. Na Terra, a mediunidade deverá ser socorrista para que tenha utilidade de fato.

Médiuns espíritas destacados por sua vivência e por suas realizações doutrinárias, como a saudosa Yvonne Pereira, o inesquecível Chico Xavier, Divaldo Franco e outros tantos, sempre afirmaram e afirmam que o que lhes garantiu sempre a assistência dos nobres mentores foi o atendimento aos sofredores, aos infelizes dos dois hemisférios da vida, ou seja, encarnados e desencarnados.

Os guias comunicam-se sim, sem que, contudo, impeçam-nos de atender os caídos como nós ou mais do que nós. Comunicam-se justamente para nos fortalecer a fé e nos impulsionar à perseverança no bem. É pelos caminhos da caridade, do serviço do amor prestado aos Espíritos sofredores, que a mediunidade e os médiuns se aprimoram. Fora dessa diretriz, os fenômenos, por mais impressionantes, deixam no ar um odor de impostura, de presunção, de exibição vaidosa, alimentado por tormentosa e disfarçada fascinação.

PAUTAR
regular por, orientar

HEMISFÉRIO
cada uma das metades

ENCARNADO
plano físico em que vivem os Espíritos ligados ao corpo físico

DESENCARNADO
plano espiritual em que vivem os Espíritos libertos do corpo físico em decorrência da morte biológica

DIRETRIZ
norma de procedimento, conduta etc.

PRESUNÇÃO
pretensão

FASCINAÇÃO
estado mais avançado de obsessão que resulta de uma ilusão criada diretamente pelo Espírito obsessor no pensamento do médium, que tem restringida a sua capacidade de julgar a comunicação

93.

A comunicação de um mentor é indiscutível? Se houver dúvida, o Espírito pode ser <u>interpelado</u>? Pode-se pedir esclarecimentos ao guia em relação às suas palavras? Isso não demonstraria falta de respeito?

DIVALDO Pelo contrário, não é o que se pergunta ao Espírito-guia que traduz desrespeito, mas como se pergunta. Os Espíritos superiores atuam como pedagogos, como mestres, com o objetivo de ensinar-nos, de iluminar-nos, de esclarecer-nos. O que fica <u>nebuloso</u>, eles têm o maior prazer em <u>elucidar</u>, porque, às vezes, na filtragem mediúnica, ocorrem registros falsos, <u>deturpando</u> a <u>tese</u>. Se não voltarmos ao esclarecimento, ficaremos com ideias equivocadas, por terem ocorrido em um momento em que o médium não estava com a recepção melhor.

O pedido de esclarecimento é sempre bem recebido pelos bons Espíritos, e se eles notam que neles não estamos acreditando, não se sentem magoados com isso nem pretendem impor-se, mas têm interesse de ajudar.

O que caracteriza um Espírito bom, um Espírito superior, são a sabedoria, a bondade, a paciência, a forma com que está sempre disposto a ajudar-nos em quaisquer circunstâncias.

INTERPELADO
pessoa a quem se interpelou (dirigiu com alguma pergunta ou pedido de explicação)

NEBULOSO
difícil de entender; ambíguo, obscuro

ELUCIDAR
esclarecer

DETURPAR
deformar o sentido de; modificar

TESE
proposição para análise; assunto, tema

"A tarefa dos benfeitores é inspirar, guiar, apontar os caminhos. E a do homem é reconquistar a Terra, vencer os empeços, discernir e aprimorar-se cada vez mais. Quando alguém diz que o seu guia lhe resolve os problemas, esses são guias que necessitam ser guiados.
— DIVALDO FRANCO

PASSES

8

94. conceito de passe
- » passe magnético
- » aplicar o passe incorporado

95. definindo passe espiritual
- » sintonia com os mentores

96. quando os Espíritos aplicam diretamente o passe
- » passe misto

97. diminuir a claridade do ambiente para os passes
- » facilitar a concentração

98. conselhos, estalidos de dedos, sopros ruidosos durante os passes
- » técnica espírita caracteriza-se pela elevação e equilíbrio
- » hora do passe é especial

99. lavar as mãos após a aplicação de passes

100. médium não necessita tocar na pessoa que recebe passe
- » evitar tudo o que possa comprometer

101. médiuns ofegantes na aplicação do passe
- » silêncio e oração profunda

102. estalidos dos dedos na aplicação dos passes
- » maneirismos dispensáveis

103. sobre retirar pulseiras, relógios, anéis durante os passes
- » mais cômodo e evitam ruídos que possam produzir

104. aplicar passes em alguém que esteja de costas
- » aplicação deve ser feita com a mesma fé e vibração em favor da pessoa

105. necessidade de o médium, após aplicar passes, receber passes de outro médium
- » pouco entendimento
- » os que aplicam passes são beneficiados pelas próprias energias que transmitem

106. passes em domicílio, em enfermos
   » cuidados quanto às influências espirituais

107. água fluidificada e seu valor terapêutico
   » benefícios da água fluidificada

108. manifestação psicofônica durante o passe
   » Kardec explica as três ações fluídicas
   » ação magnética
   » ação espiritual-material
   » ação espiritual
   » envolvimento vibratório

109. transmissão de ectoplasma na aplicação do passe
   » médiuns sérios e devotados ao bem
   » médiuns de efeitos físicos e de cura
   » ectoplasma não visível

110. *O livro dos médiuns* e o caso do cão magnetizado que morreu
   » explicação do Espírito Erasto
   » o fato não é uma generalização
   » diferentes níveis de emissão fluídica nos passes
   » não existe pesquisa científica a respeito desse fato, no meio espírita

TEMÁRIO 8

94.

Que é o passe? Para ministrar um passe a pessoa deve estar mediunizada? Que você pensa do passe magnético?

DIVALDO O passe significa, no capítulo da troca de energias, o que a transfusão de sangue representa para a permuta das hemácias, ajudando o aparelho circulatório. O passe é essa doação de energias que nós colocamos ao alcance dos que se encontram com deficiências, de modo que eles possam ter seus centros vitais reestimulados e, em consequência disso, recobrem o equilíbrio ou a saúde, se for o caso.

O passe magnético tem uma técnica especial, conhecida por todos aqueles que leram alguma coisa sobre o mesmerismo. É transfusão da energia do doador, do agente.

O passe que nós aplicamos, nos centros espíritas, decorre da sintonia com os Espíritos superiores, o que convém considerar *sintonia mental,* não uma vinculação para a "incorporação".

O passe deve ser sempre dado em estado de lucidez e absoluta tranquilidade, no qual o passista se encontre com saúde e perfeito tirocínio, a fim de que possa atuar na condição de agente, não como paciente. Então, acreditamos que os passes praticados sob a ação de uma "incorporação" propiciam resultados menos valiosos, porque, enquanto o

---

HEMÁCIA
eritrócito; glóbulo vermelho; célula do sangue dos vertebrados que tem como principal função o transporte de oxigênio

CENTRO VITAL
centro de força do períspirito; em outras filosofias, conhecido como chacra; identificam-se 7 centros vitais principais, cada um responsável por coordenar determinadas funções no corpo físico

MESMERISMO
o uso do magnetismo animal e hipnotismo no tratamento e cura de doenças, segundo o método e prática do médico alemão Franz Anton Mesmer (1734–1815)

LUCIDEZ
clareza dos sentidos ou das percepções

PASSISTA
médium que administra o passe

TIROCÍNIO
capacidade de discernimento

médium está em transe, ele sofre um desgaste. Aplicando passe, ele sofre outro desgaste, então experimenta uma despesa dupla.

Os Espíritos, para ajudar, principalmente no socorro pelo passe, não necessitam compulsoriamente de retirar o fluido do médium, nele "incorporando-se". Podem manipular, extrair energia, sem o desgastar, não sendo, pois, necessário o transe.

TRANSE MEDIÚNICO
estado alterado de consciência que propicia o intercâmbio entre os planos espiritual e material

COMPULSORIAMENTE
obrigatoriamente

FLUIDO
elemento bastante sutil, quintessenciado, imponderável, existente em a natureza

INCORPORAR
expressão historicamente utilizada para designar a realização da psicofonia (faculdade mediúnica em que o Espírito comunica-se por meio da voz do médium)

MANIPULAR
preparar

95.

Como definir o passe espiritual? Em que oportunidade ele se verifica?

DIVALDO O passe espiritual verifica-se toda vez que vamos atuar junto a alguém que apresenta distúrbios de ordem mediúnica, perturbações espirituais. Quando utilizamos a técnica da aplicação longitudinal, há um intercâmbio magnético e, simultaneamente, medianímico, porque estamos sob a ação dos bons Espíritos.

Se nos sintonizarmos com os mentores convenientemente, serão eles que distribuirão as nossas energias, eliminando o fluido deletério que reveste o enfermo e conseguindo envolvê-lo com energia salutar, a fim de que, nesse ínterim, o seu organismo realize o trabalho de defendê-lo do mal, e o Espírito encarnado do médium, em equilíbrio, encarregue-se de manter esse estado de saúde. Caso o paciente não se resolva sintonizar com os benfeitores, ser-lhe-á inócua toda e qualquer interferência de outrem.

DISTÚRBIO
agitação, confusão

LONGITUDINAL
cujo sentido é o mesmo do comprimento de alguma coisa

MEDIANÍMICO
mediúnico

MENTOR
Espírito que dirige uma atividade e/ou guia determinado indivíduo ou grupo

DELETÉRIO
danoso, nocivo; degradante

SALUTAR
saudável, edificante, construtivo

NESSE ÍNTERIM
nesse meio-tempo; enquanto isso

ENCARNADO
Espírito ligado ao corpo físico vivendo a vida corpórea

INÓCUO
sem efeito; improdutivo

96.

Os Espíritos poderão aplicar diretamente um passe e, nesse caso, não se poderia chamar essa intervenção de passe espiritual?

INTERVENÇÃO
ação que se interpõe

DIVALDO Comumente eles assim o fazem. Algumas vezes, eles necessitam de maior dosagem de fluidos extraídos do organismo material das criaturas encarnadas e aplicam o passe misto, do Espírito propriamente dito e das forças magnéticas do intermediário.[15]

---

15. Allan Kardec, *A gênese*, cap. XIV, item 33, 29.ª ed., FEB, Brasília, 1986.

97.
Por que se costuma diminuir a claridade dos ambientes onde se processam serviços de aplicação de passes?

RAUL A princípio, não há nenhuma necessidade essencial da diminuição da luminosidade, para a aplicação dos recursos dos passes. Poderemos operá-los tanto na penumbra quanto na claridade.

A providência de diminuir-se a iluminação tem por objetivo evitar a dispersão da atenção das pessoas, além de facilitar a concentração, ao mesmo tempo em que temos que levar em conta que certos elementos constitutivos dos ectoplasmas, que costumam ser liberados pelos médiuns em quantidades as mais diversas, sofrem um processo de desagregação com a incidência da luz branca.

PENUMBRA
meia-luz

DISPERSÃO
falta de concentração

ECTOPLASMA
substância fluídica, de aparência diáfana, sutil, que flui do corpo do médium

DESAGREGAÇÃO
decomposição de um corpo em suas partes constitutivas

INCIDÊNCIA
ação de atingir, afetar

98.

Para a aplicação do passe, o médium deve resfolegar, gemer, estalar os dedos, soprar ruidosamente, dar conselhos?

DIVALDO Qualquer passe, como toda técnica espírita, caracteriza-se pela elevação, pelo equilíbrio. Se uma pessoa cortês esforça-se para ser gentil, na vida normal, por que, na hora das questões transcendentais, deverá permitir-se desequilíbrios? Se é um labor de paz, não há razão para que ocorram desarmonias ou deem-se conselhos mediúnicos.

Se se trata, porém, de aconselhamento, não se justificará que haja o passe. É necessário situar as coisas nos seus devidos lugares. A hora do passe é especial. Se se pretende adentrar em conselhos e orientações, tome-se de um bom livro e leia-o, porque não pode haver melhores diretrizes do que as que estão exaradas em *O evangelho segundo o espiritismo* e nas obras subsidiárias da doutrina espírita.

RESFOLEGAR
recuperar o ar, o fôlego; respirar com dificuldade

CORTÊS
civilizado, educado, delicado nas palavras, gestos, atitudes

LABOR
trabalho, atividade

DIRETRIZ
norma de procedimento, conduta etc.

EXARADO
registrado por escrito; lavrado

SUBSIDIÁRIO
que reforça ou dá apoio

99.

É necessário lavar as mãos após a aplicação de passes?

RAUL Não. Não há nenhuma necessidade de que se lavem as mãos depois da prática dos passes. Pelos passes não há. Entretanto, os médiuns aplicadores de passes podem ter vontade de lavar as mãos por lavar, e, neste caso, nada há que os impeça.

100.

Há necessidade de o médium tocar ou encostar as mãos na pessoa que recebe o passe?

DIVALDO Desde que se trata de permuta de energias, deve-se mesmo, por medida de cautela e zelo ao próprio bom nome, e ao do espiritismo, evitar tudo aquilo que possa comprometer, como toques físicos, abraços etc.

101.

Por que muitos médiuns ficam ofegantes enquanto aplicam passes?

RAUL Isso se deve à deficiente orientação recebida pelo médium. Não sabe ele que a respiração nada tem que ver com a aplicação dos passes. São companheiros que imaginam sejam os exageros e invencionices os elementos capazes de assegurar grandeza e autenticidade ao fenômeno.

Nos momentos dos passes, todo o recolhimento é importante. O silêncio para a oração profunda. Silêncio do aplicador e silêncio por parte de quem recebe, facilitando a penetração nas ondas de harmonia que o passe propicia.

Evitando os gestos bruscos, totalmente desnecessários, e exercendo um controle sobre si mesmos, os aplicadores de passes observarão a necessidade do relaxamento e da sintonia positiva e boa com os Espíritos que supervisionam tais atividades.

OFEGANTE
que respira fora do ritmo normal e com dificuldade

102.

Os estalidos dos dedos ajudam de algum modo na aplicação dos passes?

RAUL Não. Tudo isso faz parte dos hábitos incorporados pelas pessoas que passam a admitir que seus trejeitos e tiques são parte da tarefa dos passes ou da mediunidade. Os estalidos e outros maneirismos com as mãos, indicando força ou energia, são perfeitamente dispensáveis, devendo o médium educar-se, procurando aperfeiçoar suas possibilidades de trabalho. Nenhum estalo, nenhuma "fungação", nenhum toque corporal ou puxadas de dedos, de braços, de cabelos, têm quaisquer utilidades na prática dos passes. Deveremos, assim, evitá-los.

TREJEITO contração ou movimento que altera a expressão do rosto; gesticulação afetada

TIQUE movimento, tremor ou contração involuntária e repetitiva; hábito ridículo ou incômodo; cacoete

MANEIRISMO afetação nos gestos; repetição de gestos bizarros ou patéticos, e sem justificativa

103.

Na aplicação dos passes, há necessidade de que os médiuns passistas retirem de seus braços, de suas mãos os adornos, como pulseiras, relógios, anéis? Isso tem alguma implicação magnética ou é apenas para evitar ruídos e dar-lhes maior liberdade de ação?

DIVALDO Em nossa forma de ver, a eliminação dos adornos não tem uma implicação direta no efeito positivo ou negativo do passe. Devem ser retirados porque é mais cômodo e o seu chocalhar produz dispersão, comprometendo a concentração nos benefícios do momento.

104.
Decorrerá algum problema do fato de se aplicar passes em alguém que esteja de costas?

RAUL Absolutamente. Se a circunstância obrigar a que se apliquem passes em alguém que esteja de costas, aplicá-los-emos com a mesma disposição, a mesma fé no auxílio que vem do mais alto, vibrando o melhor para o paciente.

105.

Muitos que aplicam passes, logo após sentam-se para recebê-los de outros, a fim de se reabastecer. Que pensar de tal prática?

RAUL Tal prática apenas indica o pouco entendimento que têm as pessoas com relação ao que fazem.

Quando aplicamos passes, antes de dirigirmos as energias sobre o paciente, nos movimentos ritmados das mãos, ficamos envolvidos por essas energias, por essas vibrações, que nos chegam dos amigos espirituais envolvidos nessa atividade, o que indica que, antes de atendermos aos outros, somos nós, a princípio, beneficiados e auxiliados para que possamos auxiliar, por nossa vez.

Tal prática incorre numa situação no mínimo estranha: o fato de que aquele que aplicar o passe por último estaria desfalcado, sem condições de ser atendido por outra pessoa...

INCORRER
levar a efeito, incidir em; resultar

106.

Quando é admissível fazer-se passes fora do centro espírita, isto é, fazer-se passes em domicílio? Quais as consequências dessa prática para o médium?

DIVALDO Somente se devem aplicar passes em domicílio quando o paciente de maneira nenhuma puder ir ao local reservado para o mister: o hospital espírita, ou a escola espírita, ou o próprio centro espírita.

As consequências de um médium andar daqui para ali aplicando passes são muito graves, porque ele não pode pretender estar armado de defesas para se acautelar das influências que o aguardam em lugares onde a palavra superior não é ventilada, onde as regras de moral não são preservadas e onde o bom comportamento não é mantido. Devemos, sim, atender a uma solicitação, vez que outra. Mas, se um paciente tem um problema orgânico muito grave, chama o médico e este faz o exame local, encaminhando-o ao hospital para os exames complementares, tais como radiografias, eletrocardiogramas, eletroencefalogramas e outros, o paciente vai, e por quê? Porque acredita no médico. Se, porém, não vai ao centro espírita é porque não acredita, por desprezo ou preconceito. Crê mais na falsa pudicícia do que na necessidade legítima.

DOMICÍLIO
residência habitual de uma pessoa; casa, habitação

MISTER
atividade; ocupação

VENTILADO
que foi abordado, proposto para debate ou debatido

ELETROCARDIOGRAMA
gráfico que registra oscilações elétricas que resultam da atividade do músculo cardíaco

ELETROENCEFALOGRAMA
exame que registra as variações do potencial elétrico do cérebro nos animais e no homem

PUDICÍCIA
qualidade do que é casto; castidade, pureza

107.

A água fluidificada tem valor terapêutico?

ÁGUA FLUIDIFICADA
água que recebeu
energias magnéti-
cas, fluídicas, com
valor terapêutico

CULTURA
civilização

HIDROTERAPIA
uso da água com
fins terapêuticos

METABOLISMO
num organismo vivo,
conjunto de trans-
formações químicas
e biológicas que
produzem a energia
necessária ao seu
funcionamento

DIVALDO A magnetização da água é uma providência tão antiga quanto a própria cultura humana. A chamada hidroterapia era conhecida dos povos mais esclarecidos. Sendo considerada uma substância simples, acredita-se que a água facilmente recebe energias magnéticas, fluídicas, e pode operar, no metabolismo desajustado, o seu reequilíbrio. Então, a água fluidificada ou magnetizada tem valor terapêutico.

108.

Quando é necessária ou desaconselhável, durante o passe, a manifestação psicofônica?

RAUL Reconhecendo que o passe é a contribuição vibratória que nós poderemos doar em nome da caridade, desconhecemos a necessidade de comunicações psicofônicas durante o seu transcurso.

Encontramos em Allan Kardec, no livro *A gênese*, a informação de que nós poderemos estar submetidos a três tipos ou condições energéticas ou de ações fluídicas.[16]

Existe fluidificação eminentemente magnética, que são as energias do próprio sensitivo, nesse caso tido como magnetizador. Ele desgasta-se porque doa do seu próprio plasma, e a partir dessa doação sente-se cansado, esgotado. Um outro nível é o das energias espirituais-materiais ou psicofísicas, quando se dá a conjugação dos recursos do mundo espiritual com os elementos do médium; o indivíduo coloca-se na posição de um vaso de cujos recursos os benfeitores utilizam-se. Eis quando caracterizamos o médium aplicador de passes ou passista: aquele em quem, segundo a instrução do Espírito André Luiz,[17] as energias circulam em torno da cabeça, como que assimilando os valores da sua mentalização, escorrendo através das mãos, para beneficiar o assistido.

PSICOFÔNICO
relativo à psicofonia (faculdade mediúnica em que o Espírito comunica-se por meio da voz do médium)

COMUNICAÇÃO
ato de transmitir a mensagem do Espírito

EMINENTEMENTE
acima de tudo

SENSITIVO
médium ostensivo

PLASMA
bioplasma (energia orgânica)

CONJUGAÇÃO
reunião, ligação, junção

---

16. Allan Kardec, *A gênese*, cap. XIV, item 33, 29.ª ed., FEB, Brasília, 1986.
17. Francisco C. Xavier, Espírito André Luiz, *Nos domínios da mediunidade*, cap. 17 (p. 165), 8.ª ed., FEB, Rio de Janeiro, 1976.

MINISTÉRIO
execução de uma
tarefa, de uma obra;
atividade, trabalho

Vemos que quanto mais o trabalhador se aprimora, aperfeiçoa-se, quanto mais se integra e entrega-se ao ministério dos passes, sem cansaço, vai melhorando a si mesmo, pois, ao aplicar as energias socorristas, será primeiramente beneficiado com os fluidos dos servidores do além, que dele se utilizam.

Kardec ainda aponta o terceiro nível de energia que é o espiritual por excelência. Neste caso, não haverá nenhuma necessidade de um instrumento físico. Os Espíritos projetam diretamente as energias sobre os necessitados.

Assim, vemos que mesmo no segundo nível, em que encontramos o médium aplicador de passes, sobre o qual agem as entidades para atender a terceiros, não há nenhuma necessidade de "incorporação" desses Espíritos. Os benfeitores, comumente, não "incorporam" para aplicar passes, o que não impede que, uma vez "incorporados", os benfeitores apliquem passes. São situações diferentes. Uma é o indivíduo receber Espíritos para aplicar passes, o que muitas vezes esconde a sua insegurança, o seu atavismo não espírita, os seus hábitos deseducados. Ele não crê que os Espíritos possam utilizar-se dele sem a necessidade da "incorporação". Então, muitas vezes, por um processo de indução psicológica, o Espírito projeta os seus fluidos e o médium age como se o estivesse "incorporando". Não se dá conta de que não se trata de uma "incorporação", mas de um envolvimento vibratório, que lhe faz arrepiar. Com isso, vamos perceber que, embora haja a atuação dos benfeitores espirituais no trabalho dos passes, não há nenhuma necessidade de que "incorporemos" Espíritos para aplicá-los.

ENTIDADE
ser, Espírito

ATAVISMO
herança de caracteres passados,
até de existências anteriores

INDUÇÃO
estímulo para a
realização de algo;
sugestão, incentivo

PSICOLÓGICO
pertencente à
psique ou aos fenômenos mentais
ou emocionais

Há companheiros que ainda não foram educados para o trabalho do passe e apresentam uma atuação mais característica de distúrbio do que de ascendência mediúnica: os cacoetes psicológicos, a respiração ofegante, o retorcimento dos lábios, os gestos bruscos, os estalidos de dedos etc.; quando nada disso tem que ver, evidentemente, com a realidade dos fluidos, da sua natureza, do seu contato com os Espíritos que se faz em nível mental.

ASCENDÊNCIA
origem

CACOETE
gesto, trejeito ou hábito corporal feio, de mau gosto, anormal, ridículo ou vicioso

OFEGANTE
que respira fora do ritmo normal e com dificuldade

109.

No momento da aplicação do passe, pode haver transmissão de ectoplasma por parte de alguns médiuns passistas, ainda que de maneira inconsciente? Se isso ocorrer, esses médiuns poderiam ser classificados como de efeitos físicos e curas?

DIVALDO A transmissão da energia fluídica através dos passes aplicados por pessoas sérias e devotadas ao bem é de salutar efeito em favor dos pacientes que se lhes submetem aos valiosos recursos.

Conseguindo-se-lhes a recuperação da saúde, constata-se que são *médiuns de efeitos físicos e de cura*, embora o ectoplasma não se faça visível no momento da terapêutica bioenergética, o que é de secundária importância.

INCONSCIENTE
que não tem consciência; que não é percebido pelo indivíduo que o vivencia

TERAPÊUTICA
terapia (método apropriado para tratar determinado distúrbio)

BIOENERGÉTICO
relativo à bioenergia (irradiação de energias eletromagnéticas exteriorizadas pelo médium durante a aplicação do passe)

110.

Em *O livro dos médiuns* consta, no item 236, que uma pessoa magnetizou o seu cão e, em consequência, matou o infeliz animal. Segundo o Espírito Erasto, isso aconteceu pela saturação de um fluido haurido numa essência superior à essência especial da natureza do cão, que assim foi esmagado. Como se pode interpretar esse comentário, considerando que é muito difícil separar a aplicação de um passe de uma magnetização propriamente dita? Como classificar o citado texto, se incontáveis vezes animais são atendidos com passes por seus donos, e até mesmo por médiuns que amam os animais – uns e outros benfeitores que o fazem por amor –, se jamais se ouviu referência à repetição do fato relatado?

RAUL O Espírito Erasto fala segundo uma lógica imbatível, ou seja, fala a respeito do fato a ele apresentado na ocasião, diante dos elementos factuais apontados.

Antes há em *O livro dos médiuns* um longo e lúcido arrazoado a respeito das relações entre o psiquismo humano e o dos irracionais, que não se pode contestar em sã consciência. O fato narrado, em que o Sr. T. magnetizou o seu cão, é uma análise de caso e não uma generalização. Será sempre muito prejudicial aos esforços do raciocínio e à prevalência do bom senso qualquer tentativa de generalizar algo específico ou casual.

Nenhuma objeção, então, pode ser feita ao episódio ocorrido com o cão referido por Erasto, haja vista que cada magnetizador possui um poder magnético diferente dos outros, o que é incontestável, do mesmo modo que, embora

---

SATURAÇÃO
efeito de saturar (encher inteiramente, impregnar completamente, tornar repleto)

HAURIDO
absorvido, recolhido

FACTUAL
que diz respeito ao fato; real, palpável ou ocorrido

LÚCIDO
que expressa as ideias com clareza

ARRAZOADO
discurso, defesa de uma causa; exposição de razões

PSIQUISMO
conjunto das características psíquicas de um indivíduo

PREVALÊNCIA
característica do que prevalece; superioridade, supremacia

FLUIDOTERAPIA
tratamento realizado por meio da aplicação de fluidos

MÉDIUM CURADOR
médium que apresenta a faculdade de intermediar fluidos espirituais curadores, sua ação geralmente se dá por simples toques, pelo olhar, ou mesmo por um gesto, sem nenhuma medicação

CONTEMPORÂNEO
que é do tempo atual

CHOQUE ANAFILÁTICO
severa reação sistêmica, às vezes fatal, provocada por um antígeno (substância que, introduzida no organismo, provoca a formação de anticorpo) específico em indivíduos hipersensíveis a ele

PREDISPOSTO
propenso

PIEGAS
em que há pieguice, sentimentalismo extremo

muita gente possa atuar na fluidoterapia – os chamados passes –, não são todos caracterizados como médiuns curadores, posto que há níveis diferentes de emissão fluídica.

Embora seja comum fazer-se uso de remédios e anestésicos na sociedade contemporânea, com exitosos resultados para todos nós, ninguém desconhece os inúmeros casos de choques anafiláticos que podem ser produzidos exatamente por medicamentos e anestésicos em pessoas predispostas, capazes de levá-las à morte.

Ainda quando conhecemos situações em que animais recebem passes aqui e ali, não se pode desacreditar a referência do Espírito Erasto, posto que nunca foi realizada uma pesquisa verdadeiramente científica em nosso meio, em que fossem submetidos animais variados à ação magnética de diferentes magnetizadores – e não à costumeira aplicação dos passes, pois mesmo que seja difícil separar passistas de magnetizadores, é possível fazê-lo quando se realizam pesquisas científicas –, de modo que tenhamos bem documentados os resultados. Assim, enquanto não forem feitos testes científicos sobre o fenômeno, será precipitada e mesmo piegas qualquer tentativa de se generalizar uma análise feita para um único caso.

"O passe é a contribuição vibratória que nós poderemos doar em nome da caridade. Quanto mais o trabalhador se aprimora, aperfeiçoa-se, quanto mais se integra e entrega-se ao ministério dos passes, sem cansaço, vai melhorando a si mesmo.
— RAUL TEIXEIRA

ALIMENTAÇÃO

9

111. dieta alimentar dos médiuns
» cuidados quanto aos excessos

112. inconveniência do uso de alcoólicos
» prejuízos que o álcool acarreta
» médium é médium 24 horas

113. alimentação vegetariana
   » questão de foro íntimo
   » alimentação e bom senso
   » questão 723 de O
     livro dos Espíritos

TEMÁRIO 9

111.

Como deve ser a dieta alimentar dos médiuns nos dias de trabalho mediúnico?

MÉDIUM
indivíduo que atua como intermediário entre os planos espiritual e material

RAUL A dieta alimentar dos médiuns deverá constituir-se daquilo que lhes possa atender às necessidades, sem descambar para os excessos ou tipos de alimento que, por suas características, poderão provocar implicações digestivas, perturbando o trabalhador e, conseguintemente, os labores dos quais participe. Desse modo, torna-se viável uma alimentação normal, evitando-se os excessivos condimentos e gorduras que, independentemente das atividades mediúnicas, prejudicam bastante o funcionamento orgânico.

DESCAMBAR
mudar de rumo; derivar

LABOR
trabalho, atividade

CONDIMENTO
tempero

ALCOÓLICO
relativo ao álcool

112.

O uso de alguma bebida alcoólica costuma trazer inconvenientes para os médiuns?

ENGAJADO
envolvido, comprometido

RAUL Todo indivíduo que se encontra engajado nos labores mediúnicos, seja qual for a ocupação, deveria abdicar do uso dos alcoólicos em seu regime alimentar. Isso porque o álcool traz múltiplos inconvenientes para a estrutura da mente equilibrada, considerando-se sua toxidez e a rápida digestão de que é alvo, facilitando grandemente que o álcool entre na corrente sanguínea do indivíduo, de modo fácil, fazendo seu efeito característico.

ABDICAR
renunciar ou desistir de

TOXIDEZ
toxicidade (qualidade ou caráter do que é tóxico, especialmente com o grau de virulência de um micróbio tóxico ou de um veneno)

Mesmo os inocentes aperitivos devem ser evitados, tendo-se em mente que o médium é médium 24 horas do dia, todos os dias, desconhecendo o momento em que o mundo espiritual necessitará da sua cooperação. Além do mais, quando se ingere uma porção alcoólica, cerca de 30 % do álcool são rapidamente eliminados pela sudorese e pela dejeção, mas cerca de 70 % persistem por muito tempo no organismo, fazendo com que alguém que, por exemplo, haja-se utilizado de um aperitivo na hora do almoço, à hora da atividade doutrinária noturna não esteja embriagado, no sentido comum do termo. Entretanto, estará alcoolizado por aquela porcentagem do produto que não foi liberada do seu organismo.

SUDORESE
secreção de suor; transpiração

DEJEÇÃO
excreção de matéria fecal; defecação, evacuação

VEGETARIANO
realtivo ao vegetarianismo (regime alimentar baseado unicamente no uso de vegetais – frutas, grãos, frutos secos)

113.
A alimentação vegetariana será a mais aconselhável para os médiuns em geral?

RAUL A questão da dieta alimentar é fundamentalmente de foro íntimo ou obedece a alguma necessidade de saúde, devidamente prescrita. Afora isso, para o médium verdadeiro não há a chamada alimentação ideal, embora recomende o bom senso que se utilize de uma alimentação que lhe não sobrecarregue o organismo, principalmente nos dias de reunião mediúnica, a fim de que não seja perturbado por nenhum processo de conturbada digestão que, com certeza, lhe traria diversos inconvenientes.

FORO ÍNTIMO
âmbito da individualidade; julgamento segundo a própria consciência

PRESCRITO
ordenado explicitamente

REUNIÃO MEDIÚNICA
atividade realizada com o propósito de intercâmbio com os Espíritos, para socorro, esclarecimento, aprendizado

TOXINA
substância tóxica produzida durante o metabolismo (num organismo vivo, conjunto de transformações químicas e biológicas que produzem a energia necessária ao seu funcionamento)

CAFEÍNA
alcaloide existente no café, chá, mate, guaraná, cola etc. e usado como estimulante e diurético

FRUGAL
de fácil digestão; leve, ligeiro

DIGESTÃO
conjunto de processos implicados na conversão de alimentos em substâncias adequadas à absorção e à assimilação

ANSIEDADE
desejo veemente e impaciente

CARÁTER
conjunto de características determinantes psicológicas e/ou morais

A alimentação não define, por si só, o potencial mediúnico dos médiuns, que deverão dar muito maior validade à sua vida moral do que à comida, obviamente.

Algumas pessoas recomendam que não se comam carnes nos dias de tarefa mediúnica, enquanto outras recomendam que não se deve tomar café ou chocolate, alegando problemas das toxinas, da cafeína etc., esquecendo-se que deveremos manter uma alimentação mais frugal, a partir do período em que já não tenha tempo o organismo para uma digestão eficiente.

É mais compreensível e parece-me mais lógico que a pessoa coma no almoço o seu bife, se for o caso, ou tome seu cafezinho pela manhã, do que passar todo o dia atormentada pela vontade desses alimentos, sem conseguir retirar da cabeça o seu uso, deixando de concentrar-se na tarefa, em razão da ansiedade para chegar em casa, após a reunião, e comer ou beber aquilo de que tem vontade.

Por outro lado, a resposta dos Espíritos à questão 723 de *O livro dos Espíritos* é bastante nítida a esse respeito, deixando o espírita bem à vontade para a necessária compreensão, até porque a alimentação vegetariana não indica nada sobre o caráter do vegetariano. Lembremo-nos que o "médium" Hitler era vegetariano e que o médium Francisco Cândido Xavier alimentava-se com carne.

"A questão da dieta alimentar é fundamentalmente de foro íntimo ou obedece a alguma necessidade de saúde, devidamente prescrita. A alimentação não define, por si só, o potencial mediúnico dos médiuns, que deverão dar muito maior validade à sua vida moral do que à comida, obviamente.
— RAUL TEIXEIRA

ESTUDOS, PARTICIPAÇÃO, RECEITUÁRIO

10

114. o espírita e a leitura de livros espíritas

115. desinteresse dos espíritas pela leitura de obras doutrinárias
   » falta de hábito de leitura
   » hipnose por indução de Espíritos inimigos
   » o sono no momento de leitura e de palestras espíritas

116. benefícios dos estudos evangélico-doutrinários para o médium
   » estudo propicia o esclarecimento perante a vida

117. atuação em vários centros espíritas a um só tempo
   » cumprir com o dever onde o Senhor o colocou
   » melhor vincular-se a um grupo de pessoas afins

118. médium espírita que participa de sessão mediúnica espírita frequentar trabalhos mediúnicos de umbanda
   » ninguém serve bem a dois senhores, ensina Jesus

119. afastamento de Espíritos perturbadores
   » resultados obtidos na umbanda e no espiritismo

120. denominação correta: receita homeopática ou orientação espiritual homeopática
   » não confundir sessão mediúnica com consultório médico
   » orientação espiritual: ler *O evangelho segundo o espiritismo*

121. seguir a homeopatia ou a alopatia
   » paciente deve melhorar a si mesmo

122. Kardec usou o termo possessão em *A gênese*
   » ênfase do Codificador no estudo da obsessão em *O livro dos médiuns*

TEMÁRIO 10

114.

O espírita, <u>médium</u> ou não, deve ler livros espíritas?

DIVALDO Seria o mesmo que se perguntar se o médico deve parar de estudar ou de ler livros sobre medicina.

MÉDIUM
indivíduo que atua
como intermediário
entre os planos
espiritual e material

115.

Apesar de necessário, por que se nota na maioria dos espíritas o desinteresse pela leitura de livros espíritas? Uns alegam que dá sono, outros que lhes dá dor de cabeça etc. Por que acontece isso?

DIVALDO Porque o fato de alguém tornar-se espírita não quer dizer que haja melhorado de imediato. A pessoa que não tem o hábito de ler pode tornar-se o que quiser, porém continuará sem interesse pela cultura.

O sono normalmente decorre da falta de hábito da leitura, excepcionalmente quando a pessoa está em processo obsessivo, durante o qual as entidades inimigas operam por meio de hipnose, para impedir àquele que está sob o seu guante que se esclareça, que se ilumine e, consequentemente, liberte-se. Mas não em todos os casos. Na grande maioria, as pessoas cochilam na hora da leitura porque não se interessam e não fazem o esforço necessário para se manter lúcidas. Como também cochilam durante a sessão, por não estar achando-a interessante, já que vão ao cinema, ficam diante da televisão até altas horas, quando os programas lhes agradam, na maior atividade. Assim, não respeitam a doutrina que abraçaram.

CULTURA
cabedal de conhecimentos de uma pessoa

PROCESSO OBSESSIVO
ação continuada que caracteriza a obsessão (ação mental persistente e maléfica que um indivíduo exerce sobre outro)

ENTIDADE
ser, Espírito

HIPNOSE
estado alterado de consciência, semelhante ao sono, gerado por um processo de indução, no qual o indivíduo fica muito suscetível à sugestão do hipnotizador

GUANTE
autoridade despótica, implacável; mão de ferro

LÚCIDO
que conserva as faculdades do raciocínio

116.

Que benefícios trazem os estudos evangélico-doutrinários para o médium?

RAUL O benefício de, dando-lhe a instrução-conhecimento, propiciar-lhe a instrução-educação. É através do estudo, mormente do evangelho e das obras basilares da doutrina espírita, que o médium perceberá quem ele é, por que ele é médium, quais as suas responsabilidades diante da mediunidade, por que o indivíduo chega à Terra com a tarefa da paranormalidade para exercitar. Quando adentra *O evangelho segundo o espiritismo*, vai estudar "Dai de graça o que de graça recebeis". Se pergunta aos Espíritos por que Deus concede a mediunidade a indivíduos que ele sabe que poderão falhar, as entidades benfeitoras da Terra redarguem: "da mesma maneira que ele dá bons olhos a gatunos". Exatamente por isso o estudo espírita para o médium vai dando-lhe os porquês, vai elucidando-o, a fim de que não aja porque os outros agem, não faça simplesmente porque o dirigente mandou que fizesse, mas para que tenha aquela fé raciocinada, a fé-convicção, aquela fé-certeza, na coerência de quem faz porque sabe o que deve fazer.

MORMENTE
em primeiro lugar; principalmente

BASILAR
que serve de base; básico, fundamental

MEDIUNIDADE
faculdade natural do ser humano, que propicia o intercâmbio entre os planos espiritual e material

PARANORMALIDADE
característica ou condição do que não faz parte dos fenômenos ou experiências normais; mediunidade

REDARGUIR
dar resposta, argumentando

GATUNO
que ou aquele que furta; ladrão

ELUCIDAR
esclarecer

117.

Que podemos pensar da atitude de muitos que, à guisa de cooperar com vários centros espíritas, na segunda-feira, frequentam um trabalho, num determinado centro; na terça-feira, estão num trabalho mediúnico, noutro centro; na quarta-feira num terceiro; e, assim, sucessivamente?

DIVALDO Há um ditado que diz: "Quem muito abarca, pouco aperta." Quem pretende fazer tudo, faz sempre mal todas as coisas. Por que essa pretensão de ajudar a todos?

Se cada um cumprir com seu dever, com dedicação, no local em que o Senhor o colocou, realizará um trabalho nobilitante. A presunção de atender a todos é, de certo modo, uma forma de autossuficiência, que acredita que, não estando em algum lugar, as coisas ali não irão bem. E quando desencarnar? Então, é melhor vincular-se a um grupo de pessoas que lhe sejam simpáticas, para que as reuniões sérias, de que trata *O livro dos médiuns*, de Allan Kardec, possam produzir os frutos necessários e desejados.

> À GUISA DE
> na qualidade de; com a função de

> PRESUNÇÃO
> pretensão

> AUTOSSUFICIÊNCIA
> qualidade ou condição de autossuficiente (que tem a capacidade de viver sem depender de outrem; independente, autônomo)

SESSÃO MEDIÚNICA
reunião mediúnica (atividade realizada com o propósito de intercâmbio com os Espíritos, para socorro, esclarecimento, aprendizado)

UMBANDA
religião nascida no Rio de Janeiro, entre o fim do séc. XIX e o início do séc. XX, que originalmente fundia elementos espíritas e bantos, estes já plasmados sobre elementos jeje-iorubas, e hoje apresenta-se segmentada em variados cultos caracterizados por influências muito diversas (p.ex., indigenistas, catolicistas, esotéricas, cabalísticas etc.)

APOCALIPSE
qualquer dos antigos escritos judaicos ou cristãos (especialmente o último livro canônico do *Novo Testamento*, atribuído a João) que contém revelações, particularmente sobre o fim do mundo, e apresentadas, quase sempre, sob a forma de visões

118.

Há inconveniente em que um médium que participe de sessão mediúnica espírita e que se afirme espírita frequente trabalhos mediúnicos de umbanda?

DIVALDO Seria o mesmo que a pessoa atuar num campo de luta e, imediatamente, tomar posição noutro, sem o esclarecimento correspondente.

Jesus foi muito claro ao afirmar que "a casa dividida rui" e que "ninguém serve bem a dois senhores". Já é tempo de a pessoa saber o que deseja, dedicando-se àquilo que acha conveniente. O *Apocalipse* (3:15–16) fala a respeito das pessoas "mornas"; assim, é melhor ser "frio" ou "ardente". O "morno" é alguém que não está com ninguém, mas, sim, com as suas conveniências.

119.

No afastamento dos Espíritos perturbadores, a umbanda consegue melhor resultado do que uma sessão mediúnica espírita?

DIVALDO Só se for pelo pavor. Mas não remove a causa, porque o Espírito que foge apavorado não liberta a sua vítima da dívida que a ambos vincula.

120.

Qual a denominação correta: receita homeopática ou orientação espiritual homeopática?

DIVALDO Não devemos trazer para o espiritismo o que pertence aos outros ramos do conhecimento. Não deveremos pretender transformar a sessão mediúnica em novo consultório médico. Digamos, então, orientação espiritual; se veio o nome de um remédio que o bom senso recomenda seja aplicado, é uma exceção, mas não deveremos ter um compromisso especial para constranger um Espírito a dar homeopatia ou alopatia.

Certa feita, em uma das nossas orientações espirituais, veio o seguinte: "O meu irmão necessita de ler *O evangelho segundo o espiritismo*, no capítulo número 15". Eu tive a curiosidade de saber o que era, e fui olhar. "Fora da caridade não há salvação". O paciente era um sovina; a doença dele era desamor. Então, a "homeopatia" de que ele precisava era uma séria advertência, e não remédio comum.

HOMEOPÁTICO
concernente a
ou próprio da
homeopatia

HOMEOPATIA
método terapêutico
que consiste em
prescrever a um
doente, sob uma
forma diluída e
em pequeníssimas
doses, uma substância que, em doses
elevadas, é capaz de
produzir num indivíduo sadio sinais e
sintomas semelhantes aos da doença
que se pretende
combater; este
método foi criado,
no fim do séc. XVIII,
pelo médico alemão
Samuel Hahnemann (1755–1843)

ALOPATIA
sistema ou método
de tratamento em
que se empregam
remédios que, no
organismo, provocam efeitos
contrários aos da
doença em causa

SOVINA
aquele que não
gosta de gastar
dinheiro; avarento

121.

Qual a orientação adequada a seguir, a homeopatia ou a alopatia?

DIVALDO A melhor orientação a seguir é convocar o paciente a melhorar-se de dentro para fora e levar ao médico o problema da sua saúde orgânica.

122.

Como entender a utilização por Allan Kardec do termo "possessão", em *A gênese*, quando o evitou em *O livro dos médiuns*?

DIVALDO Penso que o Codificador desejou dar mais ênfase ao ensinamento, embora a sua elucidação quando no estudo das obsessões em *O livro dos médiuns*.

POSSESSÃO
Kardec, em *O livro dos médiuns*, qualifica a possessão como sinônimo da subjugação (processo obsessivo mais grave; o obsessor influencia o indivíduo de tal modo que passa a comandar a mente e a vontade do obsidiado)

CODIFICADOR
denominação dada a Allan Kardec por ter codificado (reunido numa só obra textos, documentos etc.) o ensino dos Espíritos, dando origem à doutrina espírita

ELUCIDAÇÃO
esclarecimento

OBSESSÃO
ação mental persistente e maléfica que um indivíduo exerce sobre outro

"É através do estudo, mormente do evangelho e das obras basilares da doutrina espírita, que o médium perceberá quem ele é, por que ele é médium, quais as suas responsabilidades diante da mediunidade. O estudo espírita vai elucidando-o, para que tenha a fé raciocinada, a fé-convicção, a fé-certeza, na coerência de quem faz porque sabe o que deve fazer.

— RAUL TEIXEIRA

ESCOLHOS da MEDIUNIDADE

11

123. diferença entre animismo e mistificação

» processos de regressão do encarnado
» Espírito mistificador
» mistificação do suposto médium
» mistificação do encarnado atrai mistificadores desencarnados
» mistificação sofrida por Chico Xavier

124. problemas psiquiátricos e obsessões espirituais

» Espíritos vinculados a graves débitos
» vinculação inconsciente ao passado de delitos
» epilepsia e aproximação de Espíritos
» necessidade de identificar as enfermidades psicopatológicas dos indícios de mediunidade
» dramas graves atendidos como se fossem decorrentes da mediunidade
» responsabilidade do centro espírita

TEMÁRIO 11

125. **participação do obsidiado nos trabalhos mediúnicos**
   - » tratamento do obsidiado através da presença nas reuniões de estudo e esclarecimento doutrinário

126. **transtorno psicótico esquizofrênico**
   - » raízes obsessivas
   - » adversários do passado
   - » consequências da medicação específica
   - » passes, mudança mental e emocional do enfermo

127. **doentes mentais graves e mediunidade**
   - » recurso espiritual psicoterapêutico
   - » grave processo expiatório
   - » processo reeducativo para o despertamento

128. **identificação de animismo no médium**
   - » análise das comunicações
   - » conteúdo sempre igual
   - » orientar o médium com bondade e compaixão

129. **ritmo excitante da vida moderna**
   - » ação das trevas
   - » cuidados para se manter nos trilhos do bem
   - » viver no mundo sem se tornar do mundo
   - » dar a César o que é de César e a Deus o que é de Deus

123.

Qual a diferença entre animismo e mistificação?

RAUL Encontramos em *O livro dos médiuns*, mais exatamente no capítulo XIX, item 223 (1.ª a 5.ª questões), Allan Kardec discutindo e apresentando uma questão muito importante e muito grave que é a circunstância em que o Espírito do próprio percipiente, do próprio médium, no estado de excitação de variada ordem, transmite a sua mensagem.

Nos processos de regressão, de múltiplas procedências, a alma do encarnado expressa-se, chora suas angústias, deplora suas mágoas guardadas na intimidade, ou apresenta suas virtudes e conquistas, suas grandezas, também guardadas no íntimo. Esse fenômeno em que o próprio Espírito do médium expressa-se, com qualquer tipo de bagagem, nós o chamaremos de "anímico", conforme Allan Kardec, em *O livro dos médiuns*. E aqueles outros fenômenos através dos quais entidades espirituais manifestem-se por meio de médiuns, e dizem ser personalidades que verdadeiramente não foram na Terra, esses denominaremos de "mistificação".

Allan Kardec teve a oportunidade de estudar em *O livro dos médiuns*, na parte em que apresenta as dissertações mediúnicas (capítulo XXXI), diversas mensagens, das quais ele, depois de tê-las analisado, anota que jamais poderiam proceder de Vicente de Paulo, de Maria de Nazaré e de outros tantos Espíritos respeitados e considerados pela humanidade. É o caso em que certas entidades banais dão nomes de vultos que gozam ou que gozaram no mundo de respeitosa projeção.

PERCIPIENTE
pessoa com percepção extrassensorial

MÉDIUM
indivíduo que atua como intermediário entre os planos espiritual e material

EXCITAÇÃO
estado de agitação, de exaltação

ENCARNADO
Espírito ligado ao corpo físico vivendo a vida corpórea

ENTIDADE
ser, Espírito

BANAL
comum, vulgar

PROJEÇÃO
fato de alguém se tornar conhecido e respeitado por suas atividades, trabalho etc.; importância, prestígio

Mas temos ainda um outro tipo de mistificação, que é a mistificação do indivíduo, do "médium", quando, por motivos diversos, não sendo portador de faculdades mediúnicas, ou ainda que seja, mas não sendo dotado da capacidade de comunicar, de permitir a comunicação de tal e qual Espírito, ele a forja, com interesses os mais estranhos. Aí encontramos a mistificação por parte do suposto médium.

É importante, porém, que nos lembremos de que todas as nossas ações, como se reporta *O livro dos Espíritos*, são conduzidas pelos Espíritos. Normalmente são eles que nos dirigem, conforme o item 459 da citada obra. Logo, quando se começa a fraudar, a mistificar por quaisquer interesses, no início é o próprio indivíduo com a sua mente doente, mas, a partir daí, passa a atrelar-se a entidades mistificadoras, submetido, então, à influência espiritual. A princípio, a criatura é mistificadora sem ser propriamente médium. Depois advém a "sociedade" de forças, surgindo o engodo. O primeiro impulso era fruto do encarnado, depois os Espíritos complementam.

Foi perguntado a Chico Xavier, e publicado no livro *No mundo de Chico Xavier*,[18] se alguma vez ele teria sido alvo de mistificação da parte de Espíritos. Ele disse que sim. E quando

---

18. Francisco C. Xavier, Elias Barbosa, *No mundo de Chico Xavier*, itens 35–37, 5.ª ed., IDE, Araras, SP, 1983.

COMUNICAÇÃO
ato de transmitir a mensagem do Espírito

FRAUDAR
agir de má-fé com o intuito de fazer (alguém) acreditar em algo que não é verdadeiro; iludir, ludibriar

MISTIFICAR
fazer (alguém) crer em uma mentira ou em algo falso, abusando de sua credulidade; enganar, ludibriar, iludir

ATRELAR
ligar, vincular

MISTIFICADOR
Espírito impostor que se apresenta falsamente como uma personalidade nobre para transmitir informações absurdas

ENGODO
qualquer tipo de cilada, manobra ou ardil que vise a enganar, ludibriar outrem

INQUIRIDO
interrogado

INVULNERÁVEL
que não pode
ser atacado,
prejudicado

INSUFLAÇÃO
estimulação,
incitação

ENSEJO
ocasião,
oportunidade

foi inquirido sobre qual a razão por que Emmanuel lhe permitira essa vivência de algum Espírito comunicar-se e dizer-se quem não era, ele afirmou que aquilo se destinava a que ele visse que não estava invulnerável à insuflação negativa.

Jesus Cristo teve ensejo de dizer que, se possível fosse, essas entidades, os falsos profetas, enganariam aos próprios eleitos. Costumamos indagar-nos: "E nós que ainda somos apenas candidatos?"

124.

Dentro dos quadros da psiquiatria como psicopatia, esquizofrenia etc., quais as características que poderiam enquadrar-se nas obsessões?

RAUL Reconhecemos, com os ensinamentos da doutrina espírita, que todos aqueles portadores das esquizofrenias, psicopatologias variadas, dentro de um processo cármico, são entidades normalmente vinculadas a graves débitos, a dívidas de delitos sociais, e, conforme nos achamos dentro desse quadro de compromissos, essas psicopatologias de multiplicada denominação assumem intensidade maior ou menor.

Conforme orienta o instrutor Calderaro ao Espírito André Luiz, no livro *No mundo maior*,[19] ao estudar a problemática do cérebro, esses companheiros esquizofrênicos entram em "crise" quando, no processo natural e inconsciente de rememoração, vinculam-se ao passado, quando delinquiram, através de um processo de associação, de assimilação fluídica.

Nos casos de epilepsias, tudo nos leva a crer que as entidades credoras, em se aproximando do devedor, diretamente, ou por meio de seu pensamento, promovem como que um acordamento da culpa, e ele mergulha, então, no chamado transe epiléptico. Nesse particular do transe, por ação de Espíritos, encontramos correspondentes com o processo mediúnico, porque não deixam de ser, esses indivíduos, médiuns enfermos, desequilibrados, apresentando, por isso, uma expressão mediúnica atormentada, doente. Convenhamos que o exame da doutrina espírita, com relação a esses diversos

---

19. Francisco C. Xavier, Espírito André Luiz, *No mundo maior*, 12.ª ed., FEB, Brasília, 1984.

PSICOPATIA distúrbio psíquico caracterizado pela tendência a comportamentos violentos e antissociais e pela ausência de qualquer sentimento de culpa em relação aos atos praticados, o que torna o enfermo incapaz de se relacionar com os outros

ESQUIZOFRENIA termo geral que designa um conjunto de transtornos mentais cujos sintomas fundamentais apontam a existência de uma dissociação da ação e do pensamento

PSICOPATOLOGIA ramo da medicina que estuda as modificações do modo de vida, do comportamento e da personalidade de um indivíduo, que se desviam da norma e/ou ocasionam sofrimento e são tidas como expressão de doenças mentais

CÁRMICO vinculado ao carma; resultado da lei da causalidade moral

DELITO
crime, infração

DELINQUIR
praticar falta grave; agir de forma criminosa ou delituosa

EPILEPSIA
afecção que se manifesta por crises de perda da consciência, acompanhadas de convulsões, que surgem em intervalos irregulares de tempo

ETIOLOGIA
origem da doença

PATOLOGIA
qualquer desvio anatômico e/ou fisiológico, em relação à normalidade, que constitua uma doença ou caracterize determinada doença

PSIQUIÁTRICO
relativo aos distúrbios mentais

SÍNDROME
conjunto de sinais ou de características que, em associação com uma condição crítica, são passíveis de despertar insegurança e medo

casos, dar-nos-á gradativamente as dimensões para que saibamos avaliar, analisar os problemas de enfermidades psicopatológicas, tais como as que acompanham a esquizofrenia, que é esse conjunto de tormentos, de perturbações, de doenças que verdadeiramente não têm uma etiologia definida.

Nos casos de patologia psicológica ou psiquiátrica, deveremos valer-nos dos conhecimentos específicos na área médica, para que não coloquemos pessoas doentes nas atividades mediúnicas, o que seria um desastre. Muitas pessoas se mostram com diversas síndromes e sintomas de problemas psíquicos, quando a invigilância e o desconhecimento espírita de alguns podem afirmar que é mediunidade e levar a criatura para o exercício mediúnico. Esses graves equívocos determinarão graves ocorrências.

O nosso Divaldo, oportunamente, narrou-nos um episódio por ele conhecido, a respeito de um cidadão que sofrendo de intensas e continuadas cefaleias foi "orientado" por alguém irresponsável a "desenvolver-se", porque era médium, e que nisso encontraria a cura esperada.

Buscados os núcleos de mediunismo sem orientação cristã, feitos os "trabalhos" etc., o problema não cedeu, ao contrário, agravou-se. Após frustradas tentativas lá e cá, o moço foi levado a uma instituição séria, onde o servidor da mediunidade que o atendeu constatou, pela informação dos benfeitores espirituais, que a família deveria providenciar atendimento médico para o rapaz. Feito o eletroencefalograma, verificou-se uma tumoração cerebral já sem possibilidade de cura, devido ao estado adiantado do problema.

Muitas vezes estamos atrelados a enfermidades espirituais que oferecem respostas somáticas, que estão ligadas a dramas profundos e graves, que não podem ser atendidos como se fossem mediunidade, numa leviandade que não se permite, em se tratando de instituição espírita. Noutros campos, registramos nos hospitais psiquiátricos diversos médiuns em aturdimento, obsidiados que poderiam ser devidamente tratados com a terapia evangélico-espírita, para depois abraçar a tarefa mediúnica.

Então, é necessário que estudemos e incorporemos os conceitos e lições da doutrina espírita, conhecendo a prática do bom senso, para que saibamos distinguir aquilo que é mediunidade, precisando de educação, daquilo que seja enfermidade psicopatológica, a exigir tratamento médico.

CEFALEIA
dor de intensidade variável, localizada ou difusa, em qualquer parte da cabeça; dor de cabeça

ELETROENCEFALOGRAMA
exame que registra as variações do potencial elétrico do cérebro nos animais e no homem

TUMORAÇÃO
formação ou existência de tumor

ATRELADO
ligado, vinculado

SOMÁTICO
orgânico, físico, corporal

LEVIANDADE
condição de leviano (que julga ou procede irrefletida e precipitadamente); insensatez, irreflexão

ATURDIMENTO
estado de perturbação da mente ou dos sentidos; atordoamento

TERAPIA
método apropriado para tratar determinado distúrbio

125.

Na terapia da desobsessão, é bom que o obsidiado frequente trabalhos mediúnicos?

DIVALDO O ideal será que ele não participe dos trabalhos mediúnicos. Se estiver no estado em que registra as ideias sadias e as perturbadoras, o trabalho mediúnico pode ser-lhe seriamente pernicioso. Porque, se o obsessor "incorporar", poderá ameaçá-lo diretamente, criando nele condicionamento, que depois vai explorar de Espírito a Espírito. Como a necessidade não é do corpo físico enfermo, ele poderá estar em qualquer lugar e os mentores trarão as entidades perturbadoras.

Ele não deve faltar às sessões de esclarecimento doutrinário, para que aprenda a libertar-se das agressões dos Espíritos maus e, ao mesmo tempo, criar condições para agir com equilíbrio por si mesmo.

DESOBSESSÃO
ação voltada à cura do processo obsessivo, em benefício do obsidiado e do obsessor

OBSIDIADO
indivíduo que sofre a obsessão

PERNICIOSO
que faz mal; nocivo

OBSESSOR
indivíduo que exerce a obsessão

INCORPORAR
expressão historicamente utilizada para designar a realização da psicofonia (faculdade mediúnica em que o Espírito comunica-se por meio da voz do médium)

MENTOR
Espírito que dirige uma atividade e/ou guia determinado indivíduo ou grupo

126.

O esquizofrênico pode ser acometido de alucinações tremendamente perturbadoras. Pode-se acreditar que ele seja vítima de terrível obsessão. Isso permite chamá-lo de médium? Usando medicação apropriada, ele resgata sua normalidade em duas semanas; o Espírito obsessor sofreu também o efeito da medicação?

DIVALDO No transtorno psicótico da esquizofrenia, o paciente é vítima de alucinações e delírios, resultantes dos distúrbios mentais, de fixações de outras existências.

O grave fenômeno, às vezes, tem raízes obsessivas, que, não cuidadas, transformam-se em loucura convencional.

Utilizando-se do desequilíbrio alucinatório do enfermo, os Espíritos inferiores e os adversários que procedem do seu passado ampliam-lhe a percepção, piorando-lhe o quadro de desespero.

Mediante a aplicação de fármacos específicos que corrigem as neurocomunicações, a percepção do enfermo diminui pelo bloquear da faculdade, embora a insidiosa perseguição prossiga, tendo os efeitos atenuados pelos barbitúricos que esteja utilizando.

Será sempre, porém, de bom alvitre que se lhe aplique a bioenergia, estimulando-o à mudança mental e emocional de comportamento, em cujos diálogos também se alcançam aqueles desencarnados que se comprazem na perturbação imposta como vingança a que se propõem.

ALUCINAÇÃO
perturbação mental que se caracteriza pelo aparecimento de sensações (visuais, auditivas etc.) atribuídas a causas objetivas que, na realidade, inexistem

TRANSTORNO PSICÓTICO
doença mental

DISTÚRBIO
mau funcionamento de (órgão, função orgânica etc.); doença

INSIDIOSO
que prepara ciladas; enganador, traiçoeiro

BARBITÚRICO
ácido pertencente a importante grupo de medicamentos de ação hipnótica e sedativa

DE BOM ALVITRE
aconselhado, prudente, sensato

BIOENERGIA
irradiação de energias eletromagnéticas exteriorizadas pelo médium durante a aplicação do passe

127.

Na prática médica, depara-se constantemente com doentes mentais graves, incapazes de responder por si e gerir suas vidas, com uma mediunidade exuberante. Qual a função dessa, já que a criatura não tem controle algum, ficando ainda mais à mercê de entidades obsessoras? Como uma situação desse tipo pode auxiliar na evolução da criatura?

DIVALDO Tenhamos em mente que, muitas vezes, a mediunidade expressa-se como um recurso espiritual psicoterapêutico de "prova" para o seu portador. No caso em tela, trata-se de uma expiação, na qual o Espírito encarnado, incapaz de gerir a existência, sofre os efeitos dos gravames anteriormente praticados, que se recusou corrigir ou recuperar-se moralmente em ocasião oportuna, renascendo então sob os efeitos da injunção reeducativa, necessária ao seu despertamento.

DEPARAR
encontrar

EXUBERANTE
vigoroso, abundante

À MERCÊ DE
sujeito a

EM TELA
em pauta, em
discussão

GRAVAME
ofensa grave; agravo

INJUNÇÃO
imposição, exigência

128.
Como identificar se o médium é anímico?

DIVALDO A mais eficiente maneira de o conseguir é com a utilização do método de análise das comunicações de que o médium se faz portador. Encontrando-se-lhe lugares-comuns, repetições viciosas, fixações doentias, lamentações ou exacerbações, identificação de conteúdo igual entre todas, dispõem-se de algumas características dos conflitos do médium, em catarse que libera os seus arquivos do inconsciente atual.

Apesar disso, o paciente necessita de orientação e não de apodos ou acusações indébitas.

A bondade e a compaixão devem sempre acompanhar o comportamento do verdadeiro espírita que se disciplina através do conhecimento do espiritismo, a doutrina que se caracteriza pelo conhecimento intelecto-moral, tendo, porém, como bandeira a caridade.

LUGAR-COMUM
ideia, frase, dito, sem originalidade; banalidade, chavão

EXACERBAÇÃO
grande irritação

CATARSE
liberação de emoções ou tensões reprimidas

INCONSCIENTE
conjunto dos processos psíquicos que não possuem a intensidade suficiente para atingir a consciência

APODO
dito irônico ou espirituoso; gracejo

INDÉBITO
que não é merecido; injusto, imerecido

129.

O ritmo <u>alucinado</u> e <u>frenético</u> da vida <u>hodierna</u> pode ter alguma ligação com entidades das trevas para desviar a atenção dos encarnados das questões espirituais?

RAUL O ritmo excitante da vida moderna exige de cada pessoa um cuidado sempre maior para que consiga manter-se nos trilhos do bem, do trabalho e da <u>lucidez</u> espiritual, sem que se deixe arrastar pelos "<u>fogos-fátuos</u>" dos convites materialistas, sempre muito atraentes, mantendo a própria vigilância com relação aos seus compromissos com a existência.

Não se trata especificamente de alguma ação trevosa para desviar a atenção humana, embora entidades infelizes possam valer-se da invigilância dos encarnados nesse setor para lhes atrapalhar a rota evolutiva. Corresponde, sim, a um momento do mundo em que, dotado de conhecimento intelectual bastante amplo e de <u>pujante</u> tecnologia, o indivíduo é chamado a viver no mundo sem se tornar do mundo; a caminhar pelo chão terrestre sem retirar o olhar das estrelas; ou, em resumo, a dar a César o que é de César, e a Deus o que a Deus pertence, como ensinou Jesus.

ALUCINADO
caracterizado por
irreflexão; insensato

FRENÉTICO
em grande agitação; convulso

HODIERNO
atual, moderno,
dos dias de hoje

LUCIDEZ
clareza dos sentidos
ou das percepções

FOGO-FÁTUO
falso brilho, glória passageira

PUJANTE
exuberante,
poderoso

"A bondade e a compaixão devem sempre acompanhar o comportamento do verdadeiro espírita que se disciplina através do conhecimento do espiritismo, a doutrina que se caracteriza pelo conhecimento intelecto-moral, tendo, porém, como bandeira a caridade.

— DIVALDO FRANCO

PRÁTICAS EXTERIORES

12

130. uso de roupas especiais nos trabalhos mediúnicos
  » importância da transformação moral

131. cores das roupas dos médiuns e interferência nos trabalhos mediúnicos
  » interação da vivência

132. inconveniência do uso de velas, banhos, pontos traçados, defumadores nas práticas espíritas
  » causas e origens
  » fatores atávicos e socioantropológicos
  » legado das tradições africanas
  » Espíritos ligados às manifestações externas
  » nenhum valor nas fórmulas exteriores
  » espiritismo, doutrina de integração da criatura com o Criador
  » educação mediúnica e educação moral
  » "amai-vos e instruí-vos", recomenda o Espírito da Verdade

133. distintivos materiais para a classificação hierárquica dos médiuns
   » perigos quanto à exaltação da personalidade

134. oferendas materiais (comidas e objetos) aos Espíritos
   » objetivos espíritas de espiritualização das criaturas
   » nossas oferendas são em nível vibracional
   » orações, emissões de energia da alma em favor deles

TEMÁRIO 12

130.

Alguma necessidade particular existe para que se recomende aos médiuns o uso de aventais, jalecos ou outras roupas especiais nos trabalhos mediúnicos do espiritismo?

RAUL À luz do pensamento espírita, nenhuma necessidade existe para o uso de roupas especiais, ou vestes de quaisquer naturezas, nos cometimentos mediúnicos espíritas, que possam designar símbolos ou paramentação inadequada aos eventos doutrinários. Até porque, perante a expressão de Jesus, trazendo-nos a imagem do "túmulo caiado por fora que esconde putrefação na intimidade", notamos a importância de cada um alimpar-se por dentro, tecendo, com os esforços da sua transformação moral, a anelada "túnica nupcial", a que Jesus se referiu na parábola do festim de bodas.

131.

As cores das roupas que os médiuns estejam usando interferem na qualidade do fenômeno mediúnico?

RAUL Em nada interferem as cores de uso externo do médium na qualidade dos fenômenos mediúnicos. Interagem, isto sim, as "cores" de dentro, o caráter, o modo de ser e de viver de cada um.

MÉDIUM
indivíduo que atua como intermediário entre os planos espiritual e material

JALECO
espécie de guarda--pó curto que bate à altura dos quadris, usado por médicos, dentistas etc.

COMETIMENTO
empreendimento

PARAMENTAÇÃO
ato de paramentar--se (vestir-se com paramentos, adornos, enfeites)

PUTREFAÇÃO
decomposição da matéria orgânica; apodrecimento

ALIMPAR
limpar

ANELADO
desejado intensamente; cobiçado

CARÁTER
conjunto de características determinantes psicológicas e/ou morais

132.

Observando-se, ainda, no exercício mediúnico, o uso de velas, banhos, pontos traçados, defumadores, quais as causas e origens, bem como os inconvenientes de tais práticas?

DIVALDO Há dois fatores atávicos. O fator ancestral religioso, herança das doutrinas ortodoxas que estabeleceram no culto a preservação de luzes para a adoração espiritual, e o fator socioantropológico, especialmente nas Américas, já que, de certo modo, somos legatários das tradições africanas. A própria antropologia religiosa dos povos de Angola, Cabinda e de outros que vieram para cá desenvolveu em forma de automatismo um animismo-mediúnico como meio de intercâmbio com o mundo espiritual. No Brasil, em particular, somos herdeiros inevitáveis dos cultos animistas, que os antigos escravos das gerações passadas introduziram em nossa formação religiosa, associando-se ao culto externo do catolicismo que, a partir do século IV, introduziu o uso de velas, incensos, flores, vestuários das tradições pagãs. É inevitável que muitos Espíritos, "que são a alma dos homens", e que estavam acostumados a tais tradições desses cultos religiosos, retornem do além-túmulo fazendo essas recomendações absurdas quanto a uma aparente necessidade de manifestações externas, solicitando que se mandem celebrar missas, que se acendam velas, que se queimem defumadores, que se traga o turíbulo para o incenso, em razão da crença fundada na eficiência dessas fórmulas.

ATÁVICO
transmitido
por atavismo

ANCESTRAL
relativo ou próprio
dos antepassados
ou antecessores

ORTODOXO
que professa os padrões, as normas ou
os dogmas estabelecidos, tradicionais

LEGATÁRIO
aquele a quem se
deixou um legado

INCENSO
substância resinosa aromática
que, ao ser queimada, desprende
odor penetrante

PAGÃO
adepto de qualquer
religião que não
adota o batismo ou
adota o politeísmo

TURÍBULO
recipiente circular
de metal, usado em
funções litúrgicas,
provido de tampa e
pendente de correntes que permitem
movê-lo, em cujo
interior se queima
incenso; incensório

FETICHISMO
culto de objetos que se supõe representarem entidades espirituais e possuírem poderes de magia

ATAVISMO
herança de caracteres passados, até de existências anteriores

LITURGIA
o conjunto dos elementos e práticas do culto religioso (missa, orações, cerimônias, sacramentos, objetos de culto etc.) instituídos por uma Igreja ou seita religiosa

FRUIR
desfrutar, gozar

TANGER
dizer respeito a; referir-se

MEDIUNIDADE
faculdade natural do ser humano, que propicia o intercâmbio entre os planos espiritual e material

DEPARAR
encontrar

A Allan Kardec não passou despercebida essa questão, tanto assim que ele a introduziu em *O livro dos Espíritos*, quando abordou o tema "fetichismo", demonstrando que os Espíritos superiores e os Espíritos, na sua generalidade, desprezam e ridicularizam as fórmulas externas de nenhuma validade para a promoção moral do ser. Também há o atavismo religioso, que mantém, na sua liturgia, a presença indispensável desse culto exterior.

O espiritismo é a doutrina da integração da criatura com o Criador, através da sua liberdade com responsabilidade, da sua conscientização de deveres, a fim de que possa fruir de paz, de esperança e de felicidade. Qualquer manifestação de culto externo, por desnecessária, é de segunda ordem, não merecendo maior consideração, no que tange à educação mediúnica.

A educação mediúnica exige, em primeiro plano, o conhecimento pelo estudo da mediunidade. A seguir, a educação moral, e, como consequência, o exercício e a vivência da conduta cristã. Cristã, porque é o amor na sua expressão mais elevada, quando o indivíduo se encontra consigo próprio.

Michael Quoist, sacerdote francês, tem um pensamento que se adapta à questão. Diz ele, em outras palavras:

"Eu Te procurei e fugi do mundo para entrar em contato Contigo, abandonei-me a mim e a meus irmãos, mas não Te encontrei; quando me voltei para a ação da caridade, ali me deparei Contigo, com o meu próximo, comigo mesmo, assim encontrando-nos os três."

É necessária a educação intelectomoral que está implícita na resposta do Espírito da Verdade: "Espíritas! amai-vos. Espíritas! instruí-vos." Instruir, no século XIX, tinha a abrangência do moderno verbo educar, que é adquirir hábitos e conhecimentos. Através dos hábitos salutares do estudo e do exercício do amor, o médium libera-se de quaisquer atavismos para se fazer ponte entre ele, a criatura, e o Criador, sob a inspiração dos Espíritos superiores.

SALUTAR
edificante, construtivo

DISTINTIVO
sinal característico, objeto ou coisa que distingue, identifica, sinaliza; emblema, insígnia

133.

Os distintivos são importantes para a classificação das condições dos médiuns nas reuniões mediúnicas?

RAUL Conforme estamos asseverando, com base nos ensinamentos do espiritismo, quaisquer exterioridades ou excentricidades, nos usos ou nas práticas, que tentem nivelar o labor espírita com as escalas de valores mundanos, não compartilham do posicionamento espírita.

Qualquer distintivo material para médiuns colaborará para a exaltação da personalidade, predispondo-os a vários perigos.

O que deverá distinguir os lidadores do intercâmbio mediúnico será a sua fidelidade aos compromissos abraçados e a sua luta por ser instrumento mais útil às falanges do bem, aperfeiçoando-se a cada dia, para alcançar a vitória sobre si mesmos e sobre os tormentos do mundo.

REUNIÃO MEDIÚNICA
atividade realizada com o propósito de intercâmbio com os Espíritos, para socorro, esclarecimento, aprendizado

EXCENTRICIDADE
maneira de pensar ou agir que foge aos padrões comuns, convencionais; extravagância

LABOR
trabalho, atividade

PREDISPOR
dispor antecipadamente; preparar

LIDADOR
trabalhador

134.

É justo que, nas reuniões mediúnicas ou fora delas, façam-se oferendas materiais, objetos ou alimentos, no intuito de atender aos caprichos ou aplacar as necessidades que os Espíritos denunciem?

RAUL A ação espírita junto aos irmãos desencarnados deverá acatar sempre os objetivos espíritas, que são os da espiritualização das criaturas.

Nossas oferendas aos Espíritos serão, por isso mesmo, em nível vibracional: nossas orações, que representam emissões de energias da alma em alta frequência; nossas boas ações diárias, que a eles dedicamos como emissão de carinho e fraternidade, que são, também, fluidos impregnados de nobres qualidades.

As entidades que solicitam ou exigem coisas ou comidas e bebidas, reportando-se a seus gostos ou necessidades, são indubitavelmente companheiros desencarnados ainda em grande atraso moral, e os indivíduos que os atendem nessas transações mundanas passam a se lhes associar, num circuito de interdependência de funestas consequências. A Espíritos ofertemos tão só as coisas do espírito.

OFERENDA
coisa que se oferece; presente, dádiva, oferta

APLACAR
fazer diminuir ou diminuir de força, de intensidade; abrandar, extinguir

DESENCARNADO
Espírito liberto do corpo físico em decorrência da morte biológica

FLUIDO
elemento bastante sutil, quintessenciado, imponderável, existente em a natureza

ENTIDADE
ser, Espírito

INDUBITAVELMENTE
sem dúvida, com toda certeza

FUNESTO
nocivo, prejudicial, desastroso

> *"O espiritismo é a doutrina da integração da criatura com o Criador, através da sua liberdade com responsabilidade, da sua conscientização de deveres. Qualquer manifestação de culto externo, por desnecessária, é de segunda ordem, não merecendo maior consideração, no que tange à educação mediúnica.*
> — DIVALDO FRANCO

ÍNDICE GERAL

A

abdicar 204
abnegação xv, 64, 90, 128
acumpliciamento 82
acurado 128
aditar 47
adrede 78, 120
advir 61, 119
afervorado 27
aficionado xv
a fio 82
água fluidificada 192
aguçado 70
à guisa de 215
alcoólico 29, 204
alienado xv
alijar 117
alimpar 240
alopatia 217
altear 28
alucinação xiv, 231
alucinado 234
à mercê de 78, 113, 232
ancestral 91, 241
anelado 39, 240
anelar xxi
anelo 81
anímico 40, 67, 224, 233
animismo 40, 59, 105, 109, 224
ansiedade 87, 136, 206
ansioso xvi, 65, 118
antevisão 26
anuência 119
ao revés 105
aplacar 244

Apocalipse 216
apodo 233
apostolar 27
aptidão 83
árido xvi
arrazoado 197
ascendência 195
assepsia 120
atávico 241
atavio 88
atavismo 69, 194, 242
atendimento fraterno 43
ater 64
à tona 147
atrelado 63, 229
atrelar 225
atributo 39
aturdimento 229
aturdir 68, 116
autômato 64
autossuficiência 215
avultado 124

B

bacilo de Koch 86
Baco xv
banal 224
barbitúrico 231
basilar 135, 214
beneficência xvi
bioenergético 196
bioenergia 231
biopsíquico 40
bom-tom xvi, 64
borrifar 126

ÍNDICE

broquel 81

C
cabalístico 106
caboclo 145
cacoete 61, 195
cafeína 206
Camboja 117
Camilo xxi
campear xv
cantilena 161
capital xviii, 74
capitaneado 66
carapuça 112
caráter 43, 63, 93, 109, 111, 122, 164, 206, 240
carcomido 83
cármico 227
catalisador 35
catarse 233
cefaleia 228
Centro Espírita Caminho da Redenção xvii
centro vital 30, 86, 180
cercear 36
charrua 28
choque anafilático 198
circundante 47
cireneu 43
clarividência 40
clarividente *ver* médium clarividente
clichê 58
clichê mental 68
cobardia xx
codificação ix, 42, 82, 116
Codificador 41, 68, 111, 218
colapso 71
colapso periférico 136
cometimento ix, 109, 149, 240
compêndio 59
comprazer 29, 68
compulsoriamente 181
comunicação 57, 102, 137, 144, 163, 170, 193, 225
concepção 88
concitar 170
conclamação 161, 170
condimento 204
conjugação 193
conquista científica xv
consentâneo ix
Consolador 66
consulente 44, 77
contemporâneo 198
contrito 170
convulsão 61
corpo psicossomático 30
corpo somático 31
cortês 185
cotejo 102
Cristo xv
cronograma 37
cultura xv, 75, 192, 213
cultural 59
curandeirismo 79
curandeiro 78

D
de bom alvitre 109, 231
decodificação 33
defluente 36
degenerar 114
dejeção 205
deletério 182
delinquir 227
delito 227
deparar 45, 126, 232, 242
depreender 28
desabrochamento 134
desagregação 184
desatino 48
desatrelar 83
descambar 204
desdém 158
desditoso 48
desdobramento 90
desdobrar 85, 125
desdouro 81
desencarnado 26, 62, 110, 112, 136, 145, 173, 244
deserção 65
desincumbir 127
desobsessão 230
despautério xv

despeito 81
despojado 158
despojos 84
destituído 62,111,134
detrimento 172
deturpar 174
devasso 63
dialeto 146
dialogador 152
digestão 206
Dionísio xv
diretriz viii,62,82,173,185
Diretrizes de segurança xiv
Diretrizes seguras viii
discernimento xvii,36,65
discernir 34,60,171
discrepância 46
dispersão 184
dissipar xx
distinguir 152
distintivo 243
distonia 69,119
distúrbio 62,104,182,231
ditoso 59
domicílio 191
doutrinação 100,158
doutrinador 57,158
doutrina religiosa xv

E

eclodir 134
eclosão 38,148
ectoplasma 184
eletrocardiograma 191
eletroencefalograma 191,228
elucidação 91,218
elucidar xxi,174,214
emancipação 45
embotado 158
embrionário 83
eminente 127
eminentemente 193
empanar 147
emparedado 103
empeço 171
em tela 232
em voga 37

encarnado 40,62,102,110,
   112,152,173,182,224
engajado xxi,204
engodo 225
enodoar 109
enquistamento 114
ensejar 162
ensejo 69,161,226
ente 46
entidade 29,57,110,144,160,
   172,194,213,224,244
entorno 138
envergadura 28,113
enxerto 58
epígrafe 115
epilepsia 227
equacionar 65,115,171
erraticidade 26,82
esclarecedor 152
escopo 44
escriba xix
esmaecer xv
espairecer 104
especulação 46
especulativo 111
espiritista xxi
espreitar 125
esquimós 145
esquizofrenia 227
estatuto 88
estertor 61
ética xv
etiologia 228
evasão 64
evocado 106,152
evocar 41
exacerbação 147,233
exacerbamento 148
exarado 185
excentricidade 243
excitação 87,128,224
excitado 71
exorar xvii
explicitar xvi
extrínseco 59
exuberante 232

F

factual 197
facultado 151
facultar 33, 87, 171
fadado 100
fagueiro 126
fanático 39
fascinação 173
feição 111
fenômeno anímico 40
fenômeno mediúnico 40
fenômeno paranormal 40
fenômeno parapsicológico 40
fetichismo 242
filão 81, 87
fisiológico xiv, 30, 91
fisiopsicológico 171
fluido 47, 60, 107, 110, 181, 244
fluido magnético animal 110
fluidoterapia 138, 198
fogo-fátuo 234
fomentar 110
fonador 30
formação de médium
    ver médium, formação
foro íntimo 205
fraterno xvi, 152
fraudar 225
frenético 234
frívolo 57
frugal 206
fruir 113, 242
fulcro 32
fulgurante xviii
funesto 244

G

galgar 28
gatuno 214
genético 91
glândula pineal 35
glossolalia 34
granjear 116
gravame 232
grupo mediúnico 100, 110
guante 213
guarani 146

H

haurido 197
hemácias 180
hemisfério 101, 173
hereditariedade 38
hidroterapia 192
Himalaia 106
hipnose 213
hipnótico 58
hipnotizador 125
hodierno 234
holograma 35
homem moderno xiv
homeopatia 217
homeopático 217
hostil 119

I

ideoplastia 58
implemento 45
imprescindível 36
improfícuo 80
imunológico 86
inalienável 45
incauto 125
incenso 241
incidência 184
inconsciente 56, 58, 135, 147, 196, 233
incorporação 91, 102, 144
incorporar 34, 61, 144, 181, 230
incorrer 190
incursão 104
incurso 79
indébito 233
indício 124
inditoso 57
índole 44
indubitavelmente 244
indução 48, 59, 194
indumentária 77
induzir 116
inerente 45
influxo 30, 113
informação xiv
infortúnio 46
injunção 232
inócuo 101, 182

inquirido 226
insculpir 33
insidioso 231
insinuação 113
inspirativo 59
insuflação 226
insurgir 148
intercorrência 152
interdição 47
interditar 57
interpelado 174
intervenção 43, 183
intervenção cirúrgica 86
investido 83
involução 35
invulnerável 226
iogue 31

J
jaleco 240
jazer 33, 83
Jesus xix
Joanna de Ângelis xvii
João, 18:23 xx

K
kundalini 31

L
labor 72, 101, 134, 170, 185, 204, 243
laborar 73
laivos 162
legatário 241
Legião xix
levar a cabo 128
leviandade 73, 159, 229
leviano 68, 104, 158
lícito 59, 115
lida 92
lidador 43, 243
lide xx, 27, 72, 102, 170
liturgia 242
lograr xvii, 47, 61, 70, 78, 145
longitudinal 182
Lucas, 10:25 xviii
lucidez 43, 60, 180, 234
lúcido 138, 148, 152, 158, 171, 197, 213

lúdico 128, 164
lugar-comum 233

M
maçante 163
maleável 66
maneirismo 188
manipular 115, 181
mantra 106
Marcos, 5:7 xix
Marcos, 8:27 xix
Marcos, 9:11 xix
Marcos, 10:51 xx
masmorra xv
massivo 111
materialização 41
materializar 27, 118
mazela 73
medianímico 100, 182
médium ix, 31, 56, 94, 103, 134, 144, 162, 204, 212, 224, 240
médium clarividente 75
médium curador 76, 78, 198
médium, formação 88
médium inconsciente 66
médium passista *ver* passista
médium principiante 136
médium psicoaudiente 91
médium psicofônico 59, 91, 124
médium vidente 74, 75, 92
mediunidade ix, 26, 56, 93, 100, 134, 146, 171, 214, 242
mediunismo 60
mentor 45, 65, 105, 144, 160, 170, 182, 230
mercê 78
"mesa mediúnica" 110
mesmerismo 180
metabolismo 192
mimetismo 70
ministério 34, 59, 100, 194
mister 85, 101, 191
místico 39
mistificação 87, 109, 224
mistificador 164, 225
mistificar 225
mito xiv

mocidade espírita 127
mole xv
moléstia 73
mormente 81, 214
mosto 34
motricidade 91
movimento espírita x, 41, 127
munido 43

N

nagô 146
naipe 72
narcotizar 126
náusea 31
nebuloso 174
negligência 111
neófito 65
nesse ínterim 182
neuropsíquico 91
nocivo 47
nuança 113
nume tutelar 39

O

óbito 121
obsessão xvi, 57, 94, 128, 218
obsessão simples 68
obsessivo 164
obsessor 230
obsidiado 230
ociosidade 82, 107
ofegante 187, 195
oferenda 244
omitir 171
orbe 89
ortodoxo 241
oscilante 74
oscilar 75, 100
ostensivo 34, 134
outrossim 65
ovoide 151

P

padecer 76, 136
padecido 172
pagão 241
pandemônio 121

pantomima 69
paradigma 149
parafísico 83
paramentação 240
paranormal 40
paranormalidade xvi, 214
pária 85
passe 31, 100, 134, 162
passe espiritual 182, 183
passe magnético 180
passe misto 183
passista 180
passividade 124
patologia 69, 228
patológico 164
Paulo xv
pauta xx, 88
pautado xvi, 39, 152
pautar 173
peculiaridade 92, 134
Pentecostes 34
penumbra 184
percipiente 224
perdurar 137
pergunta xviii, xx
perispirítico 111
perispírito 30, 62, 145
pernicioso 58, 61, 116, 230
perspectiva 46
petitório 113
piegas 198
plasma 193
plausível 161
plexo 30
plugue 125
porfiar 58
possessão 218
praxe 116
precatar 87
preceder 26
preceituar 135
precípuo 35
precognição 40
preconizado 164
predispor 28, 243
predisposição 33, 83, 87, 170
predisposto 94, 198

prescrito 205
presteza xi
presunção 77, 150, 159, 173, 215
preto velho 145
prevalência 197
preventivo 149
primordial 127
probidade 103
proceloso 150
processo obsessivo 86, 213
proficiência 26
projeção 224
psicoaudiente
    ver médium psicoaudiente
psicofísico 193
psicofonia 136, 151
psicofônico 61, 193
psicofonizar 27
psicografar xvii, 27, 85
psicografia 85, 102
psicológico xv, 164, 194
psicopatia 227
psicopatologia 227
psicosfera ix, 102
psicossoma 64
psicoterapia 149, 159
psicovidência 92
psiquiátrico 228
psiquismo 48, 70, 93, 109, 137, 197
pudicícia 191
pujança 124
pujante 234
putrefação 240

Q
questionamento xviii

R
recalque 112
reciprocidade 29
recíproco 101
redarguir 214
redundar 101
reencarnação xix, 45, 67, 84, 148, 171
reencarnante 148
reencarnar 33
reencarnatório 72, 146

relegado 83
relevância 119
reminiscência 70
resfolegar 185
ressonância 29
ressurreição 26
retumbante 79
reunião de desobsessão 151
reunião mediúnica xi, 70,
    110, 148, 205, 243
ritual 105
ritualismo 105
romagem 73

S
sabatinar xvi
sacramental 105
sala mediúnica 116
salutar xx, 102, 115, 151, 182, 243
sanha 47
saturação 197
seara xxi
Segura diretriz xviii
sensitivo 66, 119, 193
ser fisiológico xiv
sermão 163
sessão mediúnica xvii, 74,
    101, 144, 170, 216
síndrome 228
síntese 60
sistema endócrino 151
sistema nervoso central 147
sóbrio 161
Sociedade Espírita Fraternidade xxi
soma 31, 63
somático 171, 229
sonambúlico 56
sondar 163
sono 125
sovina 217
subconsciente 67
subcórtice 147
subjugação 47, 57, 68
subserviência 63
subsidiário 185
sudorese 62, 205
Suely Schubert xiii

suscetível 94

T

tabagista 29
Tabor xix
talante 28
tanger 120, 242
taquicardia 136
telepatia 40
telepático 58
tentáculo 125
tentame 101, 135
terapêutica 116, 159, 196
terapia 229
tese 174
timoneiro 162
tique 188
tirocínio 180
torpor 125
toxicômano 29
toxidez 204
toxina 61, 206
transe 112
transe epiléptico 227
transe mediúnico 181
transtorno psicótico 231
tratado 59
trejeito 145, 164, 188
tripulação 162
tumoração 228

turíbulo 241
tutelado 45

U

ulceração 159
umbanda 216

V

vegetariano 205
venerando xxi, 35
venerável 27
ventilado 191
versar 170
vertente 128
vibrátil 63
vidência 73
vidência mediúnica 92
vidente *ver* médium vidente
Vietnã 117
vigoroso 127
volver 68
vulgar 58

X

xenoglossia 34

Z

zagal xix
zombeteiro 158

Mediunidade

© 1990–2024 by Fráter

diretor geral
Ricardo Pinfildi

diretor editorial
Ary Dourado

conselho editorial
Ary Dourado,
Ricardo Pinfildi,
Rubens Silvestre

Dados Internacionais de Catalogação na Publicação (CIP Brasil)

[F8252d]
FRANCO, Divaldo (*1927)

Diretrizes de segurança – mediunidade
Divaldo Franco, Raul Teixeira. – Catanduva, SP: InterVidas, 2024.

256 pp. : 15,5 × 22,5 × 1,3 cm

ISBN 978 85 60960 10 1

1. Mediunidade 2. Espiritismo   I. Teixeira, Raul (*1949)   II. Título

CDD 133.9   CDU 133.9

ÍNDICES PARA CATÁLOGO SISTEMÁTICO
1. Mediunidade : Espiritismo   133.9

EDIÇÕES
Fráter | várias edições e tiragens | 1990–2012 | 95 mil exemplares
InterVidas | 1.ª ed. | 1.ª–6.ª tiragens | abr/2012– jul/2023 | 44 mil exemplares
InterVidas | 1.ª ed. | 7.ª tiragem | jun/2024 | 2,5 mil exemplares

EDIÇÃO PRODUZIDA POR
Editora InterVidas (Organizações Candeia Ltda.)
CNPJ 03 784 317/0001-54   IE 260 136 150 118
Rua Minas Gerais, 1520 Vila Rodrigues 15 801-280 Catanduva SP
17 3524 9801   www.intervidas.com

Impresso no Brasil   Printed in Brazil   Presita en Brazilo

COLOFÃO

título
Diretrizes de segurança – mediunidade

autoria
Divaldo Franco, Raul Teixeira

edição
1.ª [7.ª tiragem]

editora
InterVidas (Catanduva SP)

ISBN
978 85 60960 10 1

páginas
256

tamanho
MIOLO 15,3×22,5 cm
CAPA 15,5×22,5×1,3 cm (orelhas 9 cm)

capa
Audaz Comunicação e Design

preparação de originais
Suely Schubert

revisão
Ademar Lopes Junior,
Ary Dourado, Luiz Roberto Benatti

notas laterais e índice
Ary Dourado

projeto gráfico & diagramação
Ary Dourado

composição
Adobe InDesign 19.4 (macOS 14.5)

mancha
95,7×167,8 mm, 30 linhas (sem fólio)

margens
21,2:21,2:38,1:38,1 mm
(interna:superior:externa:inferior)

cores
MIOLO 2×2 cores
preto escala CMYK e Pantone 1797 U
CAPA 4×0 cores escala CMYK

tipografia
Ideal Sans [*by* Hoefler & Co.]
TEXTO PRINCIPAL [Light, Semibold] 11/16
TÍTULOS Light 30/32
NOTAS LATERAIS Book 8/12
NOTAS DE RODAPÉ Book 9/13
ÍNDICE Book 8/12
DADOS Light [8, 9]/[10, 12]
COLOFÃO Light 8/10

papel
MIOLO ofsete Sylvamo
Chambril Book 75 g/m²
CAPA cartão Ningbo C2S 250 g/m²

tinta miolo e capa
Sun Chemical SunLit Diamond

pré-impressão CTP
Kodak Trendsetter 800 Platesetter

provas miolo e capa
Epson SureColor P6000

impressão ofsete
MIOLO Komori Lithrone S40P e LS40,
Heidelberg Speedmaster SM 102-2
CAPA Heidelberg Speedmaster XL 75

pré-impressor e impressor
Gráfica Santa Marta
[São Bernardo do Campo, SP]

acabamento
cadernos de 32 pp., costurados e
colados, capa brochura com orelhas,
laminação BOPP fosco e verniz UV
brilho com reserva

tiragem
2,5 mil exs.

tiragem acumulada
141,5 mil exs.

produção
junho de 2024

Ótimos livros podem mudar
o mundo. Livros impressos em papel
certificado FSC® de fato o mudam.

 intervidas.com

 intervidas

 editoraintervidas